MIRCHONDI

HISTORIA

SELDSCHUKIDARUM

PERSICE

E CODICIBUS MANUSCRIPTIS

PARISINO ET BEROLINENSI

NUNC PRIMUM EDIDIT LECTIONIS VARIETATE INSTRUXIT
ANNOTATIONIBUS CRITICIS ET PHILOLOGICIS

ILLUSTRAVIT

JOANNES AUGUSTUS VULLERS,

PHIL. DOCT. LITT. ORIENT. IN ACADEMIA LUDOVICIANA GISSENSI P. P. O.
SOCIETATIS ASIATICAE PARISIENSIS SODALIS.

GISSAE,
IN LIBRARIA J. RICKERI.
MDCCCXXXVIII.

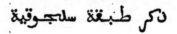

ذکر طبقهٔ سلجوقیه

وشمهٔ از احوال سلجوق ووالدش دقاق ووفات میکائیل ومحفوظ ماندن اولاد او از سبب اهل عناد وشقاق

فصل ۱

ناظم کتاب ملک نامه آورده است که قبایل اتراک دشت خزر دقاق را تمر بالغ[1] یعنی سخت کمان می خواندند واو در[2] تنظیم مصالح ملک رائی ثاقب وتدبیری صایب داشت وکمال شجاعت وشهامت او در السنه دایر بود ودر افواه سایر وملک خزر موسوم به پیغو بی مشورت وی در معظمات امور ومهمات جمهور مطلقا مدخل نمیفرمود وبحسب اتفاق روزی پیغو عزم آن کرد که ضرری بطایفهٔ از ترکان[3] که جریمهٔ نداشتند رساند واین معنی بسمع دقاق رسیده خشمناک

---

[1]) Cod. Ber. et Par. بالیغ [2]) B. ودر [3]) B. ترکمانان

واعیان حضرت شد وبحسب اتفاق روزی سلجوق بخانهٔ پیغو بر آمد وبر[1]) نسوان وصبیان پادشاه[2]) تقدیم نموده قریب به او بنشست واین معنی بر خاتون پیغو دشوار آمده بعد از آنکه سلجوق از مجلس بیرون رفت خاتون با پیغو گفت که این پسر در مبدای حال چنین گستاخ گشته پای از اندازهٔ خویش بیرون نهاده است اگر چند گاهی برین قضیه بگذرد واسباب[3]) حشمت ومکنت[4]) او زیاده ازین گردد پیداست که مهم بکجا رسد این[5]) سخن مؤثر افتاده پیغو در فکر آن شد[6]) که خاطر از کار سلجوق فارغ گرداند وسلجوق[7]) شمهٔ از حال[8]) دانسته مستشعر گشت ودر نجات خویش اندیشهای[9]) بسیار کرده خاطرش بر آن[10]) قرار گرفت که روی بغربت نهد وچون بر فرار[11]) جازم شد با صد سوار وهزار وپانصد شتر[12]) وپنجاه هزار گوسفند روی بجانب دیار سمرقند نهاد وچون بنواحی جند رسید حق عز وعلا ضمیرش را بانوار قدسی منور گردانیده قاصدی نزد

---

1) P. بر آمده بر 2) B. omittit. 3) B. گذرد اسباب 4) B. om. 5) B. واین 6) B. شده 7) B. سلجوق کند 8) B. ازین 9) B. اندیشه 10) B. بآن 11) B. باین قرار male 12) P. addit وصد ut numerus

والی آن ولایت فرستاد وپیغام داد که سبب آمدن من
بدین صوب [1]) آنست که در سلك اهل اسلام انتظام
یابم اکنون التماس آنکه یکی از اعیان فقها وفحول
علما متوجه اینجانب گردد تا بتعلیم قران وحقایق
ایمان واسلام پرداخته سرگشتگان بادیهٔ غوایترا
بسرچشمهٔ هدایت رساند وملتمس او مقبول افتاده
سلجوق با اتباع واشیاع خویش [2]) مسلمان شد ودر
بعضی از صحاری جند که موضعی با نزهت بود
رحل اقامت انداخت ودرین اثنا ایلچی کفار بطلب
خراجی که هر سال از اهالی جند میستاندند رسید
وچون کیفیهٔ احوال وقضیه [3]) سلجوقرا معلوم گشت
ازین صورت استنکشاف نموده گفت من راضی نیستم
که مسلمانان باج [4]) وخراج بکفار دهند لا جرم بتهیهٔ
اسباب مقاتله ومقابله اشتغال نمود [5]) وترکمانان آن
حدودرا [6]) که میل بغزا داشتند جمع آورده متشمر قتال
وجدال گشت ووالی [7]) جند واهالی آن ولایت سلجوقرا
بمال ولشکر مدد کردند در خلال این احوال معاندان
انتهاز فرصت نموده شتران سلجوقرا از چراگاه راندند

---

ovium sit CLM. [1]) B. addit با صواب [2]) B. خود
[3]) B. کیفیت آن قضیه [4]) B. بار [5]) B. نموده [6]) P.
حدود omisso را [7]) P. والی sine copula.

وسلجوق ازین معنی خبر یافته با فوجی از شجاعان ایشانرا تعاقب کرد وچون صولت وشدت او بر مخالفان روشن گشت [1]) اموالرا گذاشته روی بگریز آوردند وسلجوق مظفر ومنصور بیورت خود باز گشته علم دولت وی ارتفاع یافت واز اقطار ترکستان مردم روی بدرگاه [2]) او آوردند وملوك اطراف بامداد والتفات او محتاج گشتند چنانچه ابراهیم سامانی از ایلکخان منهزم گشته پناه به او برد واو ابراهیمرا معاونت نموده بر سر [3]) ایلکخان فرستاد وبعد از محاربه ایلك فرار بر قرار اختیار کرد ورایت اقبال سلجوق سر بر اوج [4]) عیوق کشیده نواحی بخارارا مضرب خیام دولت گردانید واورا چهار پسر بود میکائیل وموسی وارسلان که پیغو [5]) لقب داشت ویك پسر [6]) دیگر او در [7]) عنفوان شباب بعالم بقا خرامید وبعد از چند گاه از فرار ایلك سلجوق بمحاصرهٔ قلعه مشغول گشته میکائیل در فتح سعی بسیار مینمود ودرین اثنا از شصب [8]) قضا تیری [9]) بر مقتل او رسیده از چنگ

---

[1]) P. وبر مخالفان چون صولت وشدت ایشان روشن

[2]) B. گشت [3]) P. بر درگاه [4]) Id. بسر [5]) B. باوج

[6]) P. بیغول [7]) P. om. یك [8]) P. om. ویسر. در Ita scripsi ex coniectura pro falso شصت utriusque codicis. [9]) B.

عزرائیل [1] جان بزد وسلجوق از فوت میکائیل ملول ومحزون گشته بتربیت پسران او طغرلبگ محمد [2] وچغربگ داود همت مصروف گردانید وایشان [3] بر بسیاری از معمورهٔ عالم استیلا یافتند چنانچه درین اوراق سمت گذارش خواهد یافت انشاء الله تعالی وچون سلجوق آثار رشد واقبال در ناصیهٔ اولاد رشید میکائیل مشاهده کرد زمام حل وعقد امور طبقات حشم وسایر امورا برای وررویت ایشان منوط ومربوط گردانید تا آنزمان که بجوار رحمت پروردگار عالمیان [4] پیوست وبعد از انتقال سلجوق محمد وداود که بحسن تدبیر ولطف تقریر وکمال شجاعت ووفور بسالت از امثال واقران امتیاز داشتند در [5] نصرت اولیا ومذلت اعدا مساعی جمیله بتقدیم رسانیدند تا کار بجائی رسید که از کمال پاس ایشان رعبی عظیم بر ضمایر ملوک ما وراء النهر وترکستان استیلا یافت مویّد این مقال آنکه حاکم ما وراء النهر که اورا ایلک خان میگفتند از شوکت وحشمت طغرلبگ وچغربگ

---

voc. تیری statim post اتنا ودرین collocat. [1]) B. عزازیل vitiose. [2]) Voc. محمد deest in cod. P. et طغرلبگ idem semper scribit طغرلبک. [3]) P. وایشان om. [4]) B. عالم [5]) Uterque cod. ودر adiecta cop., male.

اندیشیده گاهی با ایشان مراسم اتفاق مرعی میداشت وگاهی شیوهٔ خلاف وعناد[1] می ورزید وخیال داشت که بعد از دفع ایشان اکثر بلاد ترکستانرا تسخیر نموده در استبداد واستقلال زند چون برادران بر[2] ما فی الضمیر او اطلاع یافتند اظهار منازعت کرده دست تطاول از آستین مخالفت بیرون آوردند ومعترض اطراف ملک[3] ایلکخان گشتند وایلک درین مهم متحیر شده اعیان[4] لشکر خودرا جمع آورده در دفع سلجوقیه مشورت فرمود وبعد از استشاره واستخاره باحضار جنود فرمان داده سپاهی بی عدد جمع آورد[5] واین خبر در زمانی بسمع آل سلجوق رسید که لشکریان ایشان در اطراف واکناف صحرا[6] وبیابان متفرق شده بودند وبعد از تقدیم مراسم جانقی[7] ومشاورت چغربگ صواب چنان دید که از نواحی

---

[1]) B. وگاهی خلاف وشقاق [2]) B. از [3]) P. om. ملک [4]) B. واعیان [5]) P. آورده [6]) P. وصحرا [7]) جانقی vox turcica, ut perhibet auctor lexici borhâni qatiʿi idemque quod مشورت significans: جانغی „ait“ مشورت وکنگاش کردن ومصلحت وصلاح دیدن جمعی باشد باهم وبحذف ثانی هم بنظر آمده است گویند ترکی است. Deest in lexico Meninskii.

مملکت [1]) ایلک‌خان بیرون رفته آنجا ببغراخان
نمایند [2]) واین رای مستحسن همگنان افتاده متوجه
ممالک [3]) بغراخان شدند وایلچی بپایهٔ سریر خان
فرستاده از توجهٔ خویش اعلام دادند وبغراخان از
استماع قدوم آل سلجوق [4]) استبشار نموده فرستاده‌را
بنوازش پادشاهانه اختصاص داد واورا مسرور وخوشدل
بازگردانیده گفت امر حکومت میان ما وآل سلجوق
بعد ازین بر سبیل مقاسمت ومشارکت خواهد بود
وچون ایلچی باردوی اولاد سلجوق شرف وصول یافته
آنچه از خان شنیده بود معروض داشت چغربگ [5])
در رفتن بهیات اجتماعی نزد خان صواب ندید وبا
طغرلبگ برادر خود [6]) گفت که صلاح در آنست که در
هر هفتهٔ یکی از ما دو برادر سه روز باردوی خان رفته
کمر خدمت او بر میان بندد چه اگر عذری بر [7])
خاطر او خطور کند بظهور نتواند آورد واگر عیاذا
بالله یکی از ما دو کسرا [8]) بگیرد دیگری تدارک
آن حادثه تواند کرد ومهم‌را برین وجه قرار داده متوجه

---

[1]) P. ولایت [2]) B. نماید false [3]) P. ولایت
[4]) B. addit اظهار [5]) P. addit وطغرلبگ [6]) P. ندیدند طغرلبگ برادر خودرا [7]) B. در [8]) P. کس sine nota accusativi.

دار الملک [1] بغراخان شدند وبعد از قطع منازل بدو فرسخی مقر عز او رسیده منزلی نزد اختیار کردند وبدستوری که مقرر شده بود هر هفته یک برادر بخدمت [2] خان میرفت ودیگری در یورت شرایط حزم مرعی میداشت ودران [3] مدت خان مترصد ومترقب آن می بود که هر دو برادر در یک مجلس مجتمع شده ایشانرا بقید محنت وبلا [4] مبتلا گرداند چون این صورت میسر نمیشد وخان [5] نومید گشت فرصت غنیمت شمرده طغرلبگرا گرفته مقید ومحبوس گردانید وبی توقف فوجی از شجعان حشمرا بتصور آنکه چغربگ در عین غفلت خواهد بود بسر او فرستاد وچغربگ از کیفیهٔ واقعه خبردار گشته متعلقان ومنتسبان خودرا بصحرا وبیابان روان کرد وخود با [6] طایفهٔ از مردان صف شکن روی بدشمن آورد وچون تقارب فئتین دست داده نائرهٔ حرب اشتغال یافت لشکر خان با قبح وجهی روی بانهزام آورده از [7] اعیان امرا صد وسی نفر در پنچهٔ تقدیر اسیر ودستگیر گشتند چون [8] گریختگان بمعسکر بغراخان

1) P. ودرین 2) B. بملازمت 3) B. متوجه مملکت
4) P. ومحنت وبلا 5) P. خان 6) P. وبا omisso خود
7) P. آوردند واز 8) B. وچون

رسیدند وآنچه[1] از لشکر تراکمه مشاهده کرده بودند بعرض رسانیدند خان دانست که بر منازعت چغربگ امری مترتب نخواهد گشت لا جرم بر اطلاق طغرلبگ فرمان فرموده مراسم دلجوئی ونوازش بجای آورد واز نفایس مملکت ختای جامهای گرانمایه به او بخشیده چهل غلام وکنیزک خوب صورت خوش لهجه به آن منضم ساخت وده هزار دینار برسم انعام بطغرلبگ داده ازو التماس نمود که چون ببرادر رسد در اطلاق اسیران وفرستادن ایشان التفات ارزانی دارد طغرلبگ متقبل این معنی[2] شده خانرا وداع فرمود وچون بازدوی برادر رسید چغربگ بقدوم او استبشاری[3] عظیم نموده باطلاق امرا امر کرد وبعد از ارسال امیران هر دو برادر متوجه[4] سمرقند گشتند وچون حاکم سمرقند علی‌تکین که با ایلک‌خان اشتهار داشت از مراجعت ایشان آگاه شد بملوک وسلاطین ترکستان نامها فرستاده استمداد نمود ولشکر جرار فراهم آورده مستعد جنگ وپیکار گشت چون آل سلجوق برین قضیه مطلع گشتند خوف وهراس بر ضمیر ایشان

---

[1]) P. آنچه [2]) P. om. این معنی [3]) B. استبشار sine ی [4]) P. addit جانب

استیلا یافته چغربگ با برادر گفت که صلاح در آنست که تو با توابع ولواحق به بیابانهای دوردست روی ومرا رخصت فرمایی که بغزای روم روم ویحتمل که دشمنان قوی دست تطاول از دامن عرض ما باین واسطه [1] کوتاه کنند وآرا برین قرار گرفته طغرلبگ ببریهٔ بعیده [2] صعب المسلک رفت وچغربگ با سی سوار نامدار که رزم رستم واسفندیاررا خوار میداشتند بر سمت خراسان روان شد که از آنجا بارمنیه رود چون والی طوس از مقدم چغربگ خبر یافت جمعی فرستاد تا اورا بگیرند وفرستادگان بعد از جستوجو خایب [3] وخاسر باز گشتند وخبر رسانیدند که چغربگ از ری گذشته بجانب روم توجه نموده است درین اثنا سلطان محمود سبکتگین مثالی بوالي طوس فرستاد مشتمل بر طعن وسرزنش که چرا اهمال واغفال جایز داشتی وچغربگرا رایگان گذاشتی تا از وسط ممالک ما بگذشته [4] وحاکم طوس از سیاست سلطانی مستشعر گشته مردم هشیار کاردانرا بضبط وحفظ طرق امر فرمود که چون چغربگ مراجعت نماید اورا

---

[1] P. om. باین واسطه [2] P. صعیده et uterque cod. بریهٔ [3] B. خایف [4] B. گذشت

بگیرند [1] وبغزنین رسانند چون چغربگ بنواحی روم رسید طایفهٔ از تراکمه با او ملحق [2] شدند وبمراسم غزا قیام نموده بعضی قلاعرا فتح کرده غنایم نا محصور بچنگ آورده عروس مقصود در کنار گرفت وبعد از حصول مطلوب تراکمهرا وداع فرموده عزیمت وطن کرد وقطع منازل ومراحل نموده چون بنواحی مرو رسید خواص خویشرا متفرق ساخته خود [3] در زی تجار بشهر در آمد وخبر عبور او مسموع والی طوس شده دانست که چغربگ موید بتایید ربانی ومنظور نظر عاطفت سبحانیست چون چغربگ قریب ببخارا رسید جمعی از تراکمه که در آن دیار توطن داشتند به او پیوستند درین اثنا رسولی بطغرلبگ فرستاده از آمدن خویش سالما غانما اعلام داد وطغرلبگ مبتهج ومسرور از منازل خود در حرکت آمده ببرادر [4] ملاقات فرمود وچون عم ایشان پیغو ارسلان صورهٔ جمعیت برادر زادگان مشاهده نمود نائرهٔ حقد وحسد در باطن او اشتغال یافته در صورت نصیحت با ایشان گفت که این جمعیت شما مقضی

---

[1]) P. بگیرد false. [2]) B. باوی omisso ملحق
[3]) P. om. خود [4]) B. با برادر

به آن خواهد شد که بار دیگر ملوك وسلاطین ما وراء النهر وترکستان در مقام تعرض آیند وظیفه آنکه لشکرهارا رخصت فرمایید [1] تا در اطراف قفار وصحاری متفرق شوند وامیران بصوابدید [2] عم خود [3] بتفرق جنود فرمان دادند ✡

فصل ۲

ذکر استیلای قدرخان بر علی‌تگین وتوجهٔ سلطان محمود بن [4] سبکتگین بجانب ما وراء النهر واسیر شدن پیغوی بن سلجوق [5]

چون علی‌تگین حاکم سمرقند که با ایلک‌خان اشتهار داشت از حد خویش تجاوز نموده با خانان ترکستان از مساوات بلکه از تفوق دم زدن گرفت قدرخان که از میان سلاطین ترك بمزید شوکت وابهت ممتاز بود این معنی‌را مستنکر شمرده در دفع ایلك خان با اعیان ملك وارباب تجربه مشورت فرمود اصحاب رای بعد از تدبیر [6] جواب دادند که صلاح آنست که رسولی سخن دان چرب زبان بمحمود

---

[1]) B. فرماید P. داده Scripsi فرمایید ex coniectura.
[2]) B. با صواب [3]) P. om. خود [4]) بن deest in cod. B.
[5]) B. addit بنا برین [6]) P. تدبر

سبکتگین فرستاده شود وبا او از[1] در دوستی در آمده طرح خویشی ومصاهرت کشیده آید وچون میان خان واو وحشت وبیگانگی بالفت ویگانگی مبدل گردد ایلکخان‌را[2] مجال تغلب وتسلط نماند وشوکت آل سلجوق نیز که ساحت مملکت از تعرض ایشان این نیست انتقاص یابد وچون قدرخان کلمات ناصحان استماع نمود جماعتی از معتمدان خودرا برسالت نزد سلطان محمود فرستاد تا از تشیید قواعد مصادقت وموالات سخن گویند ودر تاسیس مبانی مودت ومحبت کوشیده انواع حکایات در میان آورند[3] وایشان بغزنین رفته ادای رسالت کردند وبعبارات مختلفه در باب موافقت فصول مشبع پرداختند خلاصهٔ این[4] کلمات آنکه میان قدرخان وایلک وحشتی روی نموده وایلک داعیه دارد که در مقام[5] مقابله ومقاتلهٔ خان آید اگر عیاذا بالله غالب آید یمکن که بعد از تسخیر ممالک توران روی بجانب ایران نهد اکنون اگر سلطان طریق وفاق مسلوک داشته متوجه جانب سمرقند گردد ما نیز ازین

---

[1]) P. om. از [2]) P. وایلکرا [3]) B. آورند male.
[4]) Idem om. این [5]) مقام deest in cod. P.

طرف روی توجه بدفع او نهیم ولا محاله چون ایلک خبر اتفاق ما بشنود مرکز عز خالی گذارد وعروس ملکرا سه طلاق بر گوشهٔ چادر بسته خایب[1] وخاسر در گوشهٔ خمول ومذلت بنشیند چون سلطان محمود بر مضمون[2] کلمات رسل قدرخان مطلع گشت باحضار عساکر نصرت[3] قرین فرمان داد ودر اندک زمانی جمعی[4] تا معدود در ظاهر غزنین مجتمع گشتند وبعد از اجتمع لشکرها در ضمان[5] تایید آلهی از دار الملک نهضت فرمود ومنازل ومراحل طی کرده بکنار جیحون رسید ومقارن این حال قدرخان نیز از منزل خود در حرکت آمده متوجه سمرقند گشت چون ایلکخان دانست که تاب مقاومت آن دو پادشاه عظیم الشان یعنی سلطان محمود وقدرخان ندارد با خواص خویش[6] از سمرقند بیرون آمده روی بقغار وبوادی ترکستان نهاد وسمرقند در تحت تصرف قدرخان آمده میان او وسلطان محمود مبانی محبت موکد گشت وچون خان از مکنت وشوکت[7] آل سلجوق اندیشمند بود

---

1) B. خایف 2) P. om. مضمون 3) Idem om. نصرت.
4) P. جمع omisso ی. 5) B. زمان male 6) Id. om. خویش 7) وشوکت deest in cod. P.

سلطانرا بران داشت که [1] آنجماعت از جیحون بگذرانند وبروایتی سلطان محمود رسولی نزد طغرلبگ وچغربگ فرستاده التماس نمود تا بدیار خراسان متوجه شده در یورتی که مناسب دانند نزول فرمایند وایشان ابا وامتناع نموده پیغو ارسلان که عم آن دو سعادتمند بود نزد سلطان محمود آمد وسلطان اورا مقید ساخته بقلعهٔ از قلاع هند فرستاد واین معنی موجب توحش خاطر خطیر آن دو برادر روشن ضمیر گشت وبعد از آنکه ایلکخان فرار بر قرار اختیار کرد سلطان بجانب غزنین مراجعت کرده خان بکاشغر [2] رفت ایلک چون خبر یافت که ما وراء النهر از حاکمی صاحب وجود خالیست از بیابان وصحرا روی بمعمورهٔ سمرقند نهاده بضبط مملکت مشغول گشت وخواست که بمکر وحیله ال سلجوق را [3] بجنگ آورده در ورطهٔ هلاک وگرداب بوار اندازد ونداسنت [4] که بیت [5]

خدا کشتی آنجا که خواهد برد
وگر ناخدا جامه بر تن درد [6]

---

1) P. تا, ut in *Historia prior. reg. Pers.* pg. ۴ lin. 10.
2) B. بطرف کاشغر 3) P. om. را 4) B. اما نداسنت
5) Id. نظم 6) In cod. P. deest secundum versus hemist.

تفصیل این احوال [1]) آنکه ایلک رسل ورسایل بر سبیل تواتر وتعاقب نزد آل سلجوق فرستاده پیغام داد که بواسطهٔ مخالفت شما که نسبت بمحمود سبکتگین واقع شد او نتوانست که درین دیار اقامت نماید یا این مملکترا بسرداری سپارد اکنون عنان عزیمت بجانب سمرقند معطوف سازید که [2]) مملکت بلکه هرچه در تحت تصرف وتملک [3]) منست میان من وشما بر سبیل اشتراک خواهد بود وپیران شما بجای پدر وجوانان بمثابهٔ برادر وکودکان بمنزلهٔ فرزند درین دیار [4]) زندگانی خواهند کرد وایلک هرچند این پیغامرا مکرر گردانید [5]) آل سلجوق از قبول التماس او سر باز زده بگفتار او فریفته نشدند وچون ایلکخان از آنچه در خاطر داشت مایوس گشت اندیشید که ریاست تراکمه را بیوسف بن موسی بن سلجوق دهد تا بتالف ضمیر او بمقصود خویش فایز گردد چه تصور کرد که یوسف بر بنی اعمام خویش تفوق جسته محبت ووداد میان

---

qui metro متقارب est compositus. [1]) Sic lego pro mendoso احمال utriusque cod. [2]) که om. cod. P. [3]) B. تحت تملک [4]) درین دیار e cod. B. in textum recepi. [5]) B. کرد

ایشان مقتضی بعداوت وعناد گردد لا جرم اصناف تحف وهدایا نزد یوسف فرستاده زمام حکومت وامارت ترکمانانرا بکف کفایت[1]) وقبضهٔ درایت او نهاد ویوسف بضبط وربط الوس[2]) اشتغال نمود علم دولت وی ارتفاع یافت واین معنی بر طغرلبگ دشوار آمده خواست که یوسفرا گوشمالی بسزا دهد اما چغربگ مانع شده بر برادر گفت که قطع صلهٔ رحم از مروت نیست وخلایق درین باب زبان بغیبت[3]) ما خواهند کشود ودیگر آنکه مقصود اینلک از تبجیل وتعظیم یوسف آنست که بسبب اختیار او تفرقه ومخالفت در میان اولاد سلجوق بدید آید وبنابر نصیحت برادر مشفق طغرلبگ از سر تعرض یوسف در گذشته در مقام موافقت آمد وچون اینلک دید که تیر تدبیر او بر هدف مراد نیامد الپ قرا نیرانی را[4]) که منهور[5]) بی باک بود تربیت کرده فرمان داد تا با فوجی از دلاوران شیر شکار متوجه اردوی آل سلجوق گردد والپ قرا روی بدیشان نهاده در[6]) شبی که غافل بودند بر سر آنجماعت

---

[1]) P. omisso کف بکفایت [2]) Id. والوس [3]) B. بعیب
[4]) P. om. را [5]) Id. منهوری [6]) در deest in cod. P.

رسید [1] ومیان هر دو گروه قتالی عظیم دست داده یوسف [2] بن موسی سلجوقی [3] با طایفهٔ از تراکمه کشته گشت وطغرلبگ وچغربگ با اکثر اتباع واشیاع خود از معرکه بیرون رفته منتشر جنگ وپیکار گشتند درین اوان باری سبحانه وتعالی دیدهٔ چغربگرا بدیدن مولودی مبارک پی روشن گردانید واین معنی را آل سلجوق شگون گرفته اورا الپ ارسلان نام نهادند وبعد از آن از سر استظهار روی بمحاربهٔ الپ قرا نهادند [4] چون فئتین متقارب گشتند طغرلبگ وچغربگ تیغ انتقام از نیام کشیده مانند شیر ژیان وپیل دمان حمله آورده الپ قرارا با صد کس از اعیان لشکر او گرفتند وچشمهای الپ قرارا بکارد از حدقه بیرون آورده سرش از تن جدا کردند ومظفر ومنصور ومبتهج ومسرور بمنزل خویش معاودت نمودند ❁

فصل ۳

ذکر آنچه میان خوارزم شاه وآل سلجوق واقع شد وتوجهٔ ایشان بطرف نسا وابیورد

چون طغرلبگ وچغربگ بر الپ قرا ظفر یافتند

---

[1]) B. رسیده [2]) P. داد ویوسف [3]) Id. سلجوق [4]) B. آورده

خوارزم شاه با امیران بنهان مصادقت کرده رسولان فرستاده وعهود ومواثیق در میان آورده ایشانرا بر توجه بجانب خوارزم تحریص نمود وآل سلجوق بتصور آنکه خوارزم شاه ایشانرا بمساعدت خویش جهت[1] آن میخواند که میان او وسلطان مسعود بن محمود اندک تغاری واقع شده براسان بنواحی خوارزم آمدند وخوارزم شاه بر مکر وغدر اقدام نموده بصاحب جیش خود شاه ملک نامه نوشت[2] مضمون آنکه بی توقف با سپاه جرار بحرب سلجوقیه توجه نماید ودر قلع وقمع آن خلیفه[3] سعی نموده متنفسیرا زنده نگذارد وشاه ملک بموجب فرموده لشکر کشیده بر سر ایشان رفت وطایفهٔ از تراکمهرا در عرصهٔ هلاک وبوار آورد وطغرلبک وچغربک با جمهور اعیان ملک خودرا از آن مهلکه بیرون آورده[4] در اطراف واکناف عالم[5] متفرق گشتند وهر دو برادر بعد از تقدیم مشورت صلاح دران دیدند که از جیحون عبور نموده در نواحی نسا وابیورد[6] رحل اقامت اندازند وبا مسعود بن محمود[7] سبکتگین دم از مصافات وموالات زنند

---

[1]) B. بجهت [2]) P. نوشته [3]) B. طبقه [4]) Id. افکنده [5]) عالم deest in cod. B. [6]) B. ابیورد ونسا
[7]) P. om. محمود

اگر مسعود با ایشان از در مصادقت در آید [1] در معاونت ومظاهرت [2] او جهد خویش مبذول دارند والا بمقتضای [3] وقت عمل نمایند وآنچه در اکثر تواریخ مشهوره مثبت است [4] که سلطان محمود آل سلجوقرا بنابر طمع مال ایشان [5] از جیحون گذرانید وهرچند ارسلان جاذب سلطانرا ازین معنی منع کرد [6] قبول نیفتاد نزد راقم حروف بصحت نرسیده بالجمله طغرلبگ وچغربگ در ضمان تایید حضرت ذو الجلال از جیحون عبور نموده ومنازل ومراحل قطع کرده به نسا رسیدند وبر سر بیابان ایلخان نزول اجلال فرمودند وبعد از چند روز رسولی سخن دان چرب زبان نزد سلطان مسعود فرستاده از وفاق وحسن اتفاق خویش نسبت به او پیغام دادند ومسعودرا [7] این سخن موافق مزاج نیفتاده در برابر سخنان موحش بر زبان راند وبا ایلچی گفت که صلاح حال [8] آل سلجوق در آنست که از مملکت ما بیرون روند تا اثر باس وسطوت ما بایشان نرسد واین [9] خبر بسمع امیران رسیده [10]

[1]) P. آمد male. [2]) Id. ومصادقت [3]) P. بمقتضی [4]) B. مشهورست [5]) Id. om. ایشان [6]) B. نموده [7]) P. مسعود [8]) حال deest in cod. P. [9]) B. وچون [10]) Id. رسید

از مصالحهٔ مسعود وامداد او مایوس گشتند ومتعلقان ونسوان خویش‌را در موضع حصین مضبوط ساخته دست تعرض باموال رعایا دراز کردند وبتهیهٔ اسباب محاربه اشتغال نموده منتظر فرصت می بودند[1] تا از ممکن غیب چه روی نماید ❁

فصل ۴

ذکر توجهٔ بگتغدی[2] بجنگ آل سلجوق وانهزام او از آنجماعت وراضی شدن مسعود بصلح وابا وامتناع ایشان[3]

چون بسمع مسعود رسید که آل سلجوق در نسا وابیورد[4] باخذ اموال واستعداد رجال مشغول اند وبی تحاشی دست تعدی باموال ومواشی رعیت وسپاهی دراز میکنند[5] فرمان داد تا در خزاین کشاده نقد وجنس بیشمار بمتجنده واهل شمشیر دادند وامارت آن سپاه جرار به بگتغدی که مرداری صاحب وجود بود تفویض فرمود وهزار شتروار سلاح وصد استر[6] که دنانیر ودراهم بار داشتند با چند

---

[1]) P. می بود male. Cod. B. om. فرصت [2]) B. ازین صورت فرستادن مسعود بگتغدی‌را [3]) Id. addit [4]) B. وابیور [5]) P. میکند false [6]) B. اشتر

زنجیر فیل مصحوب او کردانید وبکتغدی بتجمل هرچه تمامتر بدفع آل سلجوق متوجه نسا [1] شد چون امیران از توجهٔ عساکر مسعود خبردار شدند با عساکر منصوره متوجه او شدند وفئتین نائرهٔ قتال اشتغال داده دلهای مبارزان در طبیدن آمد واز جانبین خلقی کثیر وجمی [2] غفیر در معرض فنا وزوال آمدند جویهای خون دران معرکه روان کشت عاقبت الامر نسیم فتح وفیروزی در پرچم رایت [3] آل سلجوق وزیدن کرفت وطایفهٔ از لشکر بکتغدی که اجل دامن کیر ایشان نشده بود با کریبان چاک ودامان پر خاک روی از میدان بر تافتند وچون کریختکان بپایهٔ سریر سلطان رسیده کیفیهٔ واقعه معروض داشتند مسعود قلق واضطراب تمام نموده بنفس خویش [4] از دار الملک غزنین بیرون آمده [5] با سپاه کران جهت دفع آل سلجوق متوجه خراسان شده بعد [6] از طی منازل بولایت نشابور رسیده آن دیارا مخیم نزول ساخت وهمکی همت بر دفع آل سلجوق مقصور کردانیده با اعیان ملک درین باب

---

[1]) نسا om. cod. P. [2]) B. وجمعی [3]) P. بر پرچم omisso رایت [4]) B. om. بنفس خویش [5]) Id. آمد [6]) B. شد وبعد

مشورت فرمود طایفهٔ از ارباب خرد گفتند که مصلحت آنست که ناصحی مشفق [1] با تحف وهدایا بجانب ایشان فرستاده شود تا بزلال نصیحت غبار رُفتهرا که سطوع یافته فرو نشاند سلطان مسعود طوعا او کرها در مقام اعتذار آمده ایلچیرا [2] باصناف هدیه از سیوف هندیه [3] وتحف غزنویه نزد سلجوقیه [4] فرستاده پیغام داد که آنچه واقع شد مرضی اینجانب نبود بلکه بعضی از سفها [5] باعث بران معنی شدند اکنون بفتوی کلمهٔ مضی ما مضی عمل باید نمود ودیگر از گذشته سخن نباید گفت وبساط مخالفت در نوردیده دم از مصادقت وموافقت باید زد وما سه جبیله از اعیان امرا نامزد سه کس که عبارت از طغرلبگ وچغربگ واینابخ بن سلجوق است [6] کرده ایم که در تحت تصرف وازدواج ایشان آوریم تا مواد منازعت منحسم گردد وبلاد وعباد از آفت ومخالفت [7] ایمن ومطمئن گردد چون ایلچی باردوی سلجوقیه رسیده [8] رسالت

---

1) B. آنست مشفقی 2) Id. om. not. accus. را 3) Verba از سیوف هندیه desunt in cod. P. 4) B. آل سلجوق 5) P. addit مارا 6) B. واینابخبگ سلجوق است نامزد vocabulo نامزد male repetito. 7) Idem مخالفت sine copula و. 8) B. رسید

بگذارد چغربگ در جواب گفت که حالا سلطان مسعود در بارهٔ ما تعطف وتلطف بینهایت ارزانی داشته سخنان دلپذیر گفته است [1]) وآنچه مقتضی مروت وانسانیت است بجای آورده لیکن [2]) نمیدانم که بعد ازین افعال او موافق اقوال خواهد بود یا نه اگر دل مطابق زبان خویش داشته باشد ما در مقام اطاعت ایم تا خونها نریختنه رعایا [3]) در امان مانند واگر بخلاف این که پیغام داده ظاهر گردد آنچه حق عز وعلا ارادهٔ فرموده باشد بظهور خواهد آمد چون امیر چغربگ این نوع کلمات بر زبان راند امراء سلجوقیه زبان بتحسین کشاده بر وی آفرین کردند وایلچی مسعودرا مقضی المرام باز گردانیدند وچون رسول مراجعت نموده وبپایهٔ سریر سلطنت [4]) رسیده جواب پیغام معروض داشت مسعود مبتهج ومسرور گشته مثالی بوالی مرو اصدار فرمود که بی توقف وتعلل بشرایط خدمات امراء ثلاثه قیام نماید وبعد از عهود ومواثیق چهل کوس وصد خرگاه وسه سراپردهٔ گرانها وسه علم ظفر پیکر بایشان داده فیلی‌را [5]) که در جنگ گاه از

---

[1]) B. om. است [2]) P. ولیکن [3]) Id. ورعایا [4]) P. addit مصیر [5]) Id. فیلی omisso را

لشکر [1] ما گرفته اند طلب دارد وبعد ازین قضیه اسباب مناکحت مرتب داشته دختر امیر سوری را باینانج بن سلجوق دهد وکریمهٔ از کرایم امیر عبدوس را در تحت تصرف امیر طغرلبگ آرد وعقیقهٔ دیگررا که بزینت حسن وجمال وزیب نسب وکمال حسب [2] آراسته باشد با چغربگ در سلک ازدواج کشد چون منشور [3] مسعود بحاکم مرو رسید بترتیب کوسات ورایات وسرادقات پرداخته مصحوب یکی از معتمدان خویش [4] باردوی آل سلجوق فرستاد وپیغام داد که امراء سلجوقیه باید که بمرو آیند تا بمراسم عروس ولوازم طوی قیام نموده اند [5] چون معتمدان والی مرو بمخیم آل سلجوق رسیده از کما هی حالات ایشانرا خبر دادند طایفهٔ از ترکمانان بی باک بنیاد سفاهت کرده زبان بتوبیخ وسرزنش سلطان مسعود کشاده گفتند که [6] پیش از تهییج فتنه وانهزام لشکر اگر مسعود در تشیید مبانی محبت ووداد سعی نمودی ما قبول می نمودیم اما [7] اکنون برین [8] نوع کلمات مزخرف هیچ فایده مترتب نخواهد

---

[1]) لشکر deest in cod. B. [2]) B. om. حسب [3]) Id. om. منشور [4]) Deest in cod. P. [5]) B. آید false. [6]) P. که اگر; utrumque om. B. [7]) اما deest in cod. P. [8]) B. بدین

گشت وعم طغرلبگ وچغربگ تحفهای خودرا تصرف نموده بنزوبیج رضا داد وایشان فرمودند تا کوسات ورایات وسرادقاترا پاره پاره ساختند وفرستادهٔ والی مرو خایب [1]) وخاسر باز گشت واین قضیه مسموع سلطان مسعود گشته دل بر محاربه ومقاتلهٔ سلجوقیان نهاد وهر دو برادر در کنار جیحون منزلی مناسب پیدا کرده رحل اقامت انداختند وزمستان در آنموضع بسر بردند [2]) وچون شاه انجم سپاه خیمه [3]) در برج شرف خویش زد آن دو سعادتمند لشکرهای تراکمهرا در اطراف واکناف ممالک سلطان مسعود متفرق ساختند ومدت سه سال ترکمانان بغارت وتاراج اشتغال می نمودند وجنودی که سلطان مسعود جهت دفع ایشان نامزد میکرد منهزم میگشتند [4]) واموال واسلحهٔ غزنویه بباد نهب وفنا میرفت وسرداران ممالک خراسان در دفع ایشان عاجز ومتحیر شدند وسلطان مسعود برین معنی مطلع گشته خوفی عظیم بسر ضمیر او استیلا یافت وبعد از تقدیم مشورت سباشیرا [5]) که از عظمهٔ امراء

---

[1]) B. خایف [2]) P. برده [3]) B. انجم سراپرده [4]) Id. میکردانید [5]) B. سباشی mendose, ut videtur, pro recto سباشی quod proprie significat مقدم الجیش *dux*

او [1]) بمزید شوکت ومکنت واطلاع بر مکاید حروب از امثال واقران متفرد وممتاز بود با جیشی کثیر بجنک سلجوقیه نامزد فرمود وسیاشی بموجب فرموده متوجه آل سلجوق شده آنجماعت چون از توجهٔ او آکاه کشتند مستعد حرب وقتال شده اکثر لیالی برسم شبخون بر کنارهٔ اردوی مشار الیه می تاختند وآنچه می یافتند از ستور وغیر ذلک بغارت وتاراج می بردند وهرکاه که [2]) سیاشی میل لشکرکاه ایشان کردی تراکمه مرکز خویش‌را [3]) خالی کذاشته بجای دیکر رفتند ومدت سه سال این قضیه متمادی شده بیشتر ولایت خراسان روی بخرابی نهاد در خلال این احوال بعرض سلطان رسانیدند که سیاشی هرچند مراسم جد وجهد مرعی میدارد نمی تواند که کوشمالی بسزا دهد بلکه هر روز غبار رفته ساطع‌ترست وکوکب دولت آنجماعت هر ساعت لامع‌تر واز استماع این خبر سلطان مسعود مشوش وپریشان کشته عازم شد که بنفس خویش بجانب خراسان رفته متصدی محاربهٔ

---

exercitus, ut ipse libri auctor exposuit. v. pg. ۳ l. 15. Hoc loco est nomen proprium illustris belli ducis. [1]) B. امرای از ندمای omisso او [2]) Id. om. که [3]) In cod. B. deest accusativi nota.

سلجوقیان گردید اما پسر وزیر او مانع آمده عرضه داشتند که هر گاه که [1] پادشاه عالمیان خود بدفع آن طایفه توجه نماید ایشان از غایت عجز واضطرار یا به بیابانهای دوردست روند یا بقلل [2] جبال شامخه [3] تحصن نمایند وبعد ازان که سلطان معاودت فرماید چون سباع ضاره از بیشهای اندیشه بیرون آیند وبتخریب بلاد وتعذیب عباد مشغول گردند واین معنی موجب بی ناموسی ومذلت حضرت سلطان [4] گردد واگر عیاذا بالله در برابر خدام گردون احتشام صف کشیده دست بلادت [5] از آستین وقاحت بیرون آورند وچشم زخمی بعساکر سپهر مآثر رسد بر صفحات دولت شینی مؤبد ونقصی مخلد ماند چون امثال این سخنان سلطان از ناصحان شنید در دل او جایگیر آمده ازان اندیشه در گذشته در مقر عز خویش بفراغت نشست وبساط نشاط وانبساط گسترد وبا پری پیکران حور سرشت بعیش وعشرت وشرب مدام روزها بشب [6] وشبها بروز میرسانید [7] وروزگار بزبان حال با او خطاب میکرد

رباعی [8]

---

[1]) B. om. که [2]) Id. بقلاع [3]) P. شامخ [4]) B. سلطنت [5]) Id. جلادت [6]) B. addit میبرد [7]) Id. می آورد [8]) P. بیت

شاها زمی گران چه بر خواهد خاست [1]
وز هستی بیکران چه بر خواهد خاست
شد مست وجهان خراب ودشمن پس وپیش
پیداست کزین میان چه بر خواهد خاست

تا در سنه سبع وعشرین واربعمایه سیاشی از جنگ ومنازعت سلجوقیان بتنگ آمده از حوالی نسا وباورد بجانب هرات رفت وچغربگ متوجه مرو شده آتش نهب وتاراج در رساتیق آن دیار زد ومردم مملکت مرو دو کس از صلحا وثقهای آن دیاررا نزد سیاشی فرستاده ازان بلیهٔ عظمی استغاثه کردند واو بعد از استشاره واستخاره با فوجی از دلاوران صف شکن در سه شبانروز شصت فرسخ قطع کرده در حوالی [2] مرو رسید وچغربگ از وصول او خبر یافته بتعبیهٔ سپاه اشتغال نمود وبعد از تجهیز لشکر متوکلا علی الله روی بدشمن آورد چون تغلب فئتین دست داد سیاشی کثرت وشوکت وقبات قراکمهرا در برابر خویش مشاهده کرده رعب وخوفی قوی [3] بر ضمیر او استیلا یافت واز جرأت خویش پشیمان گشت وبا صد جد وجهد از معرکه

---

[1]) **Versus metro رجز sunt scripti. Pro خاستن in cod. P. bis legitur خواستن; idem versu quarto hoc vocabulum omittit.** [2]) **B. بحوالی** [3]) **P. om. قوی**

روی برتافته بشهر در آمد ولشکر او متفرق شده منهزم بهر جائی شتافتند وچغربگ گریختگانرا تعاقب نموده چهل نفر از اعیان سپاه بدست آورد وبعد از سیاست ایشان مکتوبی مشتمل بر وعد ووعید بسیاشی نوشته [1]) شهد با شرنگ در آمیخت وسیاشی چون بر کیفیهٔ [2]) حال اطلاع یافت دانست که آن امر الهی وحکم سماویست ۞

فصل ۵

ذکر محاربهٔ والی جوزجان[3]) با چغربگ ومنهزم شدن او ورفتن سیاشی از مرو بجانب دهستان واستیلای سلجوقیه بر مملکت مرو شاهجان

سیاشی بعد از انهزام از معرکهٔ چغربگ بمرو در آمده همت بر دفع او مقصور ساخت ودران باب اندیشهای گوناگون کرده خاطرش بران قرار گرفت که امداد والی جوزجان که حاکمی [4]) صاحب وجود

---

[1]) B. addit شده [2]) Id. حقیقت [3]) P. hic et infra ubi reperitur constanter scribit جوزجانان pro جوزجان ut recte legit B. Vid. *Notices et Extraits* etc. tom. IV. pag. 378. cf. Indicem géograph. ad *Mirchondi Hist. Samanid.* ed. Wilken. p. 214. 215. [4]) B. حاکم

نموده اورا بحرب چغربک فرستاد لا جرم جمعی کثیررا
بمدد ومعاونت مشار الیه نامزد فرموده نامهٔ مشتمل
بر تحفظ وتیقظ وتحریص بر محاربهٔ مخالفان
ودفع شر وضرر ترکمانان در قلم آورده به او فرستاد
وحاکم ولایت مذکور با طایفهٔ از سپاه که بنوک نیزه
در شب سیاه کلف از روی ماه زایل میکردانیدند
متوجه جانب اردوی [1] سلجوقیان شد وچغربک
متشمر [2] قتال کشت ودر برابر صفها راست کرد
ومردان هر دو لشکر وکردان هر دو کشور تیغ وخنجر
بر [3] یکدیگر نهادند وعاقبت الامر [4] حاکم جوزجان [5]
در معرکه کشته کشت هزار نفر از اعیان سپاه او ولشکر
سیاشی در پنجهٔ تقدیر اسیر ودستگیر شدند وازان
کرداب بلا وغرقاب فنا بساحل نجات نرسیدند [6]
مگر اندکی وامراء سلجوقیه عساکر خودرا در اطراف
خراسان پراکنده ساخته طوفان بلیت ومحنت بالا
کرفت وطبقات رعایا تضرع نامها بجانب مرو نزد
سیاشی [7] فرستادند وسیاشی با دل از جور روزکار پر

---

1) **B. addit** چغربک **male, quum sequatur** سلجوقیان
2) **P.** متوجه 3) **P.** در 4) **Id.** لا جرم 5) **B.** جوزجونات **mendose.** 6) **P.** کسی بساحل نجات نرسید 7) **Id.** نزد سیاشی بجانب مرو **ordine inverso.**

خون مرورا وداع کرده بطرف نشابور رفت وآن ولایترا چون زلف بتان پریشان ومانند چشم خوبان خراب یافت وبعلیق چهارپایان فرو مانده از آنجا بدهستان شتافت وصورت قضیهرا در قید کتاب [1] آورده بغزنین نزد سلطان مسعود ارسال نمود وچون آل سلجوق دانستند که سیاشی از مرو بیرون رفته عنان عزیمت بدانجانب منعطف کردانیدند وبه آن دیار رسیده در تضییق [2] اهل شهر وحصار کوشیدند درین اثنا سه کس از اعیان علما ومشاهیر فضلا که در مرو توطن [3] داشتند بخدمت طغرلبگ وچغربگ شتافته از زبان قوم معروض داشتند که ما پیش ازین بچند کاه خبر تفرقه که در مملکت سلطان مسعود پیدا شده بعرض او رسانیدیم تا بتدارک آن مشغول شود واو متابعت قوای [4] شهوانی کرده باین معنی نپرداخت وسیاشی که از جملهٔ ارکان دولت مسعودی بمزید [5] شهامت وکاردانی امتیاز داشت کارش از پیش نرفت اکنون ما بیقین [6] دانستیم که آل سلجوق مؤید بتایید [7] آلهی وموفق بتوفیق پادشاهی اند وآنچه واقع شد

---

[1]) B. کتابت [2]) P. تضیق [3]) B. وطن [4]) P. قوی
[5]) B. بمزیدی [6]) Id. یغین [7]) P. بتوفیق male.

از[1]) تخریب بلاد وتعذیب عباد در شرع شریف جایز نیست حال[2]) آنکهِ شما متمسک بشریعت غزی[3]) وملت بیضا اید ودر ملک داری نیز اینها روانیست وبا وجود آنکه دعوی مملکت‌داری میکنید وخراسان که بهترین معمورهٔ عالم است درین واقعه خراب شد واهل[4]) ولایت مرو در مقام اطاعت وانقیاد اند وبلطف[5]) شما امیدوار امرای سلجوقیه[6]) گفتند که غرض ازین سخنان چیست علماء ثلاثه جواب دادند که ملک مرورا بملازمان شما مسلم میداریم مشروط بآنکه ضرری از لشکریان برعایا نرسد امیران این معنی‌را قبول کرده درین باب عهود ومواثیق در میان آوردند وعلما دوستکام مراجعت نموده مفاتیح دروبرا نزد طغرلبک وچغربک فرستادند وهر دو برادر بشهر در آمده امیر چغربک باشارت برادر بزرگوار[7]) نواب وعمال تعیین کرده بعمارت ضیاع وعقار فرمان داد واستمالت نامها باطراف واکناف ممالک خراسان نوشت تا مردمی که ازان ولایت جلا شده بودند بولایت خویش مراجعت نمودند وبنام طغرلبک خطبه خوانده امارت جیوش

---

[1]) B. در [2]) Id. وحال [3]) Uterque cod. عزا [4]) B. اهل [5]) Id. وبتلطف [6]) P. وسلجوقیه omisso praecedenti امرای [7]) B. بزرگتر

بر چغربگ قرار گرفت چون سیاشی در دهستان از صورت واقعه خبر یافت دود حیرت بکاخ دماغ او متصاعد شده دانست که آل سلجوق موید من عند الله اند [1] ومع ذلک حشر بیکران جمع آورده بجنگ ایشان عازم [2] مرو گشت وسلجوقیه چون از توجهٔ سیاشی خبر یافتند علمای ثلاثه [3] که در حین محاصره از شهر بیرون آمده بودند [4] طلب داشتند وصورت حادثهرا با ایشان در میان نهاده از رضا وعدم [5] رضای رعیت استطلاع نمودند آنجماعت معروض داشتند که وضیع وشریف ورئیس ومرؤس این ولایت مایل بدولت قاهرهٔ سلجوقیه اند واصلا در خاطر عذری [6] وخیانتی ندارند چه انواع خیرات وبرکات [7] از ایشان شامل روزگار متوطنان این دیار گشته بلکه بجان ومال مدد ومعاونت دریغ نخواهند داشت چون امیران جوابی مقرون بصواب شنیدند دو نایب منصف عادل در شهر گذاشته بتهیهٔ اسباب مجادله ومقاتله پرداختند وعنان عزیمت بجانب سیاشی منعطف گردانیدند وبعد از تقارب هر دو فرقه وبغیهٔ هر دو لشکر تیغ وتیر ونیزه [8] وخنجر در یکدیگر نهادند

---

1) P. omittit اند 2) B. متوجه 3) Id. ثلثهرا 4) Id. آمدند

5) P. رضاء عدم male. 6) B. عذر 7) Idem وبرات 8) In

واز مبدأ طلوع آفتاب جهانتاب تا هنگام غروب شاه انجم سپاه سغیر تیر آمدشد می نمود وحاکم تیغ بفیصل مهمات می پرداخت آخر الامر نسیم نصرت بر پرچم رایت آل سلجوق وزیده سباشی با معدودی چند بطرف هرات رفت وغنیمت بی پایان ومال فراوان بدست سلجوقیه افتاده کان بسیار وبحر استظهار گشتند وبا وجود قدرت ومکنت عفو وصفحرا شعار خود ساخته لشکر مغهوررا امان دادند ونگذاشتند که هیچ فردی از عساکر ظفر[1] قرین در عقب گریختگان رفته دست[2] بخون ایشان آلاید وفتح نامها باطراف وجوانب فرستاده دوستانرا از آن حال اعلام دادند ❁

فصل ٦

ذکر رفتن آل سلجوق به نشابور وجلوس طغرلبک بر سریر سلطنت وتزیین رؤس منابر ووجوه دنایر[3] باسم ولقب[4] هر دو برادر ورفتن چغربک ازان ولایت بمرو وذکر بعضی قضا که روی نمود[5]

چون سباشی از معرکهٔ سلجوقیه منهزم بجانب

---

cod. P. deest ونیزه [1]) B. نصرت [2]) P. om. دست male. [3]) P. دنانیر ودراهم [4]) Id. om. ولقب [5]) B. بعضی که دران اوان روی نمود از اقتضای چرخ کبود

هرات رفت طغرلبک وچغربک رسول سخن دان بنشابور [1] فرستاده اهالی آنجارا از صورت حال اعلام دادند ومردم آن دیار از استماع این خبر شادمان ومستبشر شده علما وصلحا [2] وفقها واعیان ورؤسا ولات وامرا با تحف وهدایا متوجه اردوی سلجوقیان گشتند وچون بمقصد رسیدند در پایهٔ سریر طغرلبک زبان بمحمده وثنا کشاده اظهار انعان وانقیاد کردند وطغرلبک با برادر عازم نیشابور گشت وبساعتی [3] مسعود به [4] آن مملکت در آمده بر تخت سلطنت بنشست وبعد از ده روز چغربک روی بهرات نهاده آن دیاررا مسخر گردانید وزمام حل وعقد ورتق وفتق هرات بکف اقتدار عم بزرگوار خویش سپرده خود [5] متوجه مرو شد ودران ولایت بر مسند ریاست نشسته بساط عدل واحسان بگسترد ودر تمامت [6] ولایت خراسان سوی [7] بلخ خطبه بنام هردو برادر خواندند وچون سیاشی از هرات گریخته بغزنین رسید سلطان مسعود زبان سرزنش وتوبیخ دراز کرده باوی خطابهای عنیف فرمود وسیاشی بمعاذیر دلپذیر تمسک جسته

---

[1]) B. بجانب نیشابور [2]) Id. om. وصلحا [3]) Id. عم خود نهاده بنفس [4]) B. در [5]) Id. گشته بساعتی سوای [6]) B. تمام [7]) Id. خویش

گفت از من تقصیری [1]) واقع نشد اما با قضای آسمانی وتقدیر ربانی [2]) مقاومت نمی توان کرد سلطان در اهمال وامهال بفتح خزاین امر فرمود ومال بیحساب بارباب جلادت وشهامت داد وبا لشکری فزون از مور وملخ وشصت زنجیر فیل از غزنین بیرون آمده در مدت هفت شبانروز ببلخ نزول فرمود وبمرمت برج وباره پرداخته آن شهررا مضبوط گردانید وجمعی کثیر از منتجندهرا باسم قراول بر سر راهها فرستاد وچون چغربیگ از حال سلطان خبر یافت مسرعان باطراف وجوانب ارسال نموده از عم خویش وسایر امرای سلجوقیه استمداد فرمود وایشان در [3]) امداد تاخیر وتعلل کرده چغربیگ با خواص امرای خویش از شهر مرو بیرون آمده عنان [4]) عزیمت بجانب بلخ منعطف گردانید ودرین اثنا یکی از سرهنگان چغربیگ که در بعضی از علفزارها که قریب ببلخ بود [5]) بسر برد انتهاز فرصت نموده با سی سوار جرار بکنار اردوی سلطان مسعود رفت وفیلی از افیال سلطانی‌را رانده جمعی از فیلبانان از [6]) عقب شتافتند وسرهنگ چغربیگ آنجماعت‌را

---

[1]) B. تقصیر [2]) ربانی deest in cod. B. [3]) P. om. در [4]) B. آمد وعنان [5]) Id. علفزارهای نواحی بلخ
[6]) B. بر

منهزم گردانیده فیلرا بارسوی چغربگ رسانید ومسعود برین قضیه اطلاع یافته دانست که آفتاب دولت وی در صدد زوال وانتقال است ومدت یکسال وشش ماه سلطان مسعود در بلخ نشسته ترا کمه اطراف ونواحی ورساتیق آن [1]) مملکترا غارت وتاراج میکردند ودر محرم سنه تسع وعشرین واربعمایه سلطان پرتو التفات بر ترتیب وتجهیز سپاه انداخته با هفتاد هزار سوار وسی هزار پیاده متوجه حرب سلجوقیان گشت وچغربگ صلاح [2]) در توقف ندیده عازم سرخس شد ودر آنجا طغرلبگ وعمش [3]) به او ملحق گشتند چون سلطان مسعود بمرو رسید وخبر اجتماع سلاجقه شنید [4]) در کار خویش فرو ماند وبا خود اندیشید که پیش از اجتماع امرای سلجوقیه آن نوع جرآت که عقل دران متحیر بود از چغربگ صدور یافت اکنون کـه طغرلبگ با سایر اعیان دولت بمدد ومعاونت او آمدند نوان دانست که مهم بکجا رسد لا جرم صلاح در صلح دیده با ارکان دولت درین باب مشورت فرمود امراء دولت [5]) این رایرا پسندیده سلطان وزیر خودرا برسم

---

[1]) B. om. آن [2]) P. وصلاح omisso چغربگ [3]) Idem [4]) P. om. verba وخبر .. شنید [5]) B. وعم ایشان وام باب تجربه

رسالت نزد سلجوقیان فرستاد تا در امر مصالحه سعی
بلیغ نماید چون وزیر بمقصد رسید طغرلبگ وچغربگ
در تعظیم وتبجیل او دقیقهٔ نامرعی نگذاشتند
اما مهم صلح باتمام نرسید وسلطان مسعود بطرف
هرات توجه نموده طغرلبگ بجانب نشابور رفت.
وچغربگ بطرف مرو [1] متوجه شده جماعتی از غزنویه
را [2] که سلطان مسعود بحراست آن دیار گذاشته بود
هفت ماه محاصره نمود وعاقبت الامر آن طایفه
دست در دامن استغفار واعتذار زده بجان امان یافتند
وحکومت مرو ثانیا بچغربگ انتقال یافت چون
سلطان مسعود شنید که چغربگ بار دیگر مرورا در
حیطهٔ تصرف وتسخیر در آورد دانست که آل سلجوق
در مقام تغلب وتسلط اند وبجزّیات قناعت نمی
نمایند لا جرم لشکر جرار الغار [3] کرده بجانب نشابور
عنان عزیمت منعطف گردانید وچون طغرلبگ از
عزیمت او وقوف یافت بعد از تقدیم مشورت شهررا
خالی گذاشته بیرون رفت ومسعود از استماع این خبر
مسرور شده رفتن طغرلرا [4] از امارت دولت [5] واقبال

---

1) B. بمرو 2) P. om. را 3) الغار seu ایلغار quod infra saepius reperies, seu ایلغار vox turcica esse videtur et significat: *properatio, cursus*. V. Meninsk. lex. s. v. 4) Uterq. cod. طغرلرا 5)

خویش پنداشت وآن زمستان در نشابور رحل اقامت انداخت ودران[1] مدت تراکمه بغارت رسانیدند واعمال آن ولایت عمل می نمودند وچون شاه[2] انجم به بیت الشرف خویش نزول فرمود سلطان مسعود لشکر رزم آزمای آهن خای بدفع طغرلبگ فرستاد واو بنابر مقتضای[3] وقت بجانب دیگر رفته مسعود پنداشت که طغرلبگ عروس مملکت را چنان طلاق داد که دیگر رجوع نخواهد کرد وازین جهت اظهار مسرت کرده با خود گفت که چون یک برادر گریخت از دیگری[4] بسهولت انتقام توان کشید ومحاربهٔ چغربگ را آسان شمرده از نشابور بسرخس آمد وبا آنکه دران جانب خرابی هولناک دید از سرخس عازم مرو گشت امیر چغربگ احمال واثقال را به بیابان فرستاد واز[5] کثرت عدد ووفور عدد او نیندیشیده وبا سپاهی که ملازم داشت از مستقر عز وشرف خویش حرکت کرده بدامغان نزول فرمود وسیصد کس را از بهادران ومشاهیر[6] تعیین فرمود چون سلطان مسعود برین جرآت مطلع گشت قلقی عظیم

P. از علامت 1) Id. انداخته دران 2) In eod. P. deest
شاه male. 3) P. مقتضی 4) Id. ازان دیگر 5) P. از فرستاده
6) B. از مشاهیر بهادران

واضطرابی قوی بر ضمیر او استیلا یافت چه با خود
در [1] حساب نداشت که چغربگ بی انضمام عم وبرادر
در مقام مقاتله ومحاربهٔ او تواند آمد [2] ودر رمضان
سنه احدی وثلاثین واربعمایه تقارب [3] فریقین اتفاق
افتاده خون ریزشی روی نمود که در هزار سال بیش
ازان دیدهٔ گردون پیر شبیه ونظیر آن ندیده بود
وچون سلطان مسعود بر صفحات روزگار خویش آثار
عجز وانکسار [4] واضح ولایح دید احسان واصطناع
خودرا بیاد وضیع وشریف سپاه داده گفت که از تسلیم
خراسان بترکمانان حاصل جز خیبت وخسران نخواهد
بود اکنون مطموع آنست که [5] مردانه بکوشید تا در
سلک نامردان منتظم نشوید وهرچند سلطان امثال
این حکایات. بر زبان گذرانید [6] هیچکس بسمع
رضا اصغا ننمود وجمهور لشکر در اندک زمانی روی
از معرکه بر تافتند واو با خواص خویش ساعتی
توقف فرمود چون صولت وشوکت تراکمه مشاهده
کرد بالضروره روی بفرار نهاد وسپاه ترکمانان خواستند .

---

[1]) B. با [2]) P. مقام مجادله ومقابله آید [3]) B. فئتین وتلاقی [4]) Id. ordine inverso آثار عجز addit وانکسار بر صفحات etc. [5]) P. مطموع آنکه [6]) B. آورد

که گریختگانرا تعاقب نمایند اما [1] چغربگ مانع آمده نگذاشت که کسی از لشکر [2] معترض ایشان گردد سلطان مسعود چون منهزم گشت عنان عزیمت بجانب غزنین وهندوستان منعطف گردانید ومآل حال او در قضیهٔ غزنویه مسطورست احتیاج بتکرار نمیداند ودر بعضی از تواریخ مزبورست که سلجوق از متمولان ولایت ترکستان بود وچهار پسر داشت اسرائیل ومیکائیل وموسی ویونس وبسببی از اسباب از مسقط راس [3] خویش بما وراء النهر آمد وبعد [4] از فوت سلجوق میان سلطان محمود سبکتگین ویکی از خانان عظیم الشان ترکستان اساس موالات مستحکم شده خان [5] بسلطان پیغام داد که چون اکثر اوقات سلطان بغزای هند [6] اشتغال می نماید یمکن که در غیبت آنحضرت از آل سلجوق که قومی [7] با شوکت ومکنت اند خللی بقواعد مملکت راه یابد اگر سلطان با ایشان طریق محبت مسلوک داشته یکی از آنجماعترا بنوا پیش خود [8] نگاه دارد از

---

[1]) P. om. اما [2]) از لشکر deest in cod. B. [3]) Ita scripsi pro mendoso مسطو راس cod. B. et سقط راس cod. P. [4]) P. چون [5]) P. مستحکم داشت [6]) B. هندوستان [7]) P. add. با هیبت [8]) B. خویش

مصلحت دور نباشد چون این کلمات مشفق [1] بگوش سلطان محمود رسید رسولی چرب زبان که بسحر بیان عقدهٔ [2] وحشت از ضمایر بکشودی بسلجوقیه فرستاد وپیغامهای محبت انگیز داده یکی از اولاد [3] سلجوقرا بپایهٔ سریر سلطنت مصیر طلب داشت وپسران سلجوق بعد از تقدیم مشورت صلاح دران دیدند که از میان ایشان اسرائیل بدرگاه سلطان شتابد واو به استصواب برادران با طایفهٔ از شجعان مملکت ترکستان روی باردوی سلطان نهاد وسلطان رعایت حزم نموده نزد اسرائیل ایلچی فرستاد که مارا درین اوان احتیاج بسپاه [4] نیست چه مقصود اصلی استحکام بنیان مودتست اگر لشکریانرا [5] از مقاسات سفر معاف دارد میشاید واسرائیل بموجب فرموده با معدودی چند متوجه ملازمت محمود شد بیت [6]

چو تیره شود مردرا روزگار
همه آن کند کش نیاید بکار

وچون بشرف ملاقات استسعاد یافت سلطان محمود اورا بعواطف پادشاهانه وعوارف خسروانه ممتاز وسرافراز

---

[1]) B. شفقت آمیز [2]) P. عقیدهٔ [3]) Id. آل [4]) B. add. ولشکر [5]) P. لشکریان [6]) Metr. متقارب

کردانیده با خود بر تخت نشاند واسرائیل ازانکه بر اظهار خلق ملوك وتملق ایشان اعتماد نتوان کرد غافل شد ونصیحت ایاکم وابواب السلاطین‌را اعتبار نفرمود ودر سخن شیوهٔ مبآسطت ورزیده بساط انبساط بگسترانید وکثرت اموال وانبوی رجال دودمان خویش بعرض سلطان رسانید واین معنی موجب تباهی رای پادشاهی گشت تفصیل این اجمال آنکه در اثنای صحبت ومحاوره سلطان ازان مرد [1]) ترکمان پرسید که چون اکثر اوقات ما مصروف بغزای هندوستانست خراسان خالی ماند [2]) وبه این واسطه خیالات فاسده [3] در دماغ هر مفسد وحاسد جایگیر میشود وقاصد ممالك ما [4]) میگردند اگر وقتی بمدد احتیاج افتد چند هزار کس از مردم شما بمعاونت ما [5]) کمر توانند بست اسرائیل تیری بسلطان داده گفت اگر این چوبه [6]) تیر بخیل ما فرستی صد هزار کس بمدد تو

---

[1]) B. ساده [2]) Id. میماند [3]) P. فاسد. [4]) B. om. ما [5]) ما deest in cod. B. [6]) Id. گفت این چوبه. Voc. چوبه bene exponit auctor lexici برهان قاطع quum dicat: چوبه چوبی باشد که بدان خمیرنان‌را تنك سازند ومعرب آن صوبج است وبمعنی خدنگ وتازیانه وزخمه وچوبدستی نیز آمده است ولقب بهرام

آیند سلطان گفت اگر زیاده باید گفت این تیر
دیگر ببلجان فرست تا پنجاه هزار سوار دیگر [1]
متوجه شوند سلطان گفت اگر بیش ازین باید [2]
اسرائیل [3] کمانی بدست سلطان داده گفت اگر این
کمانرا بنوران فرستی دویست هزار سوار بخدمت تو
توجه کنند سلطان از کثرت ایشان اندیشه‌مند
گشته خواست که عنان نفس اسرائیل‌را بدست قهر
عزرائیل دهد وبتند باد غضب نهال عمر اورا از
جویبار جوانی قلع کند اما چون با عقل راهنمای [4]
که مفتاح ابواب نجات ومراد انست مشوره فرمود
کثرت قبیله وبسیار عشیرت او مانع آمده رای سلطان
بر قید وحبس او [5] که وهو اشد العذاب علی النفس
است قرار گرفت وسه روز متوالی علی تعاقب الایام
واللیالی خوان الوان [6] نعم نهاده بساط انبساط بگسترد
وصبوح بغبوق وغبوق بصبوح پیوسته نالهٔ رباب
وزخمهٔ [7] چنگ بعیوق رسانیدند چون اسرائیل ومن

چوبه هم هست quarum significationum tantum primam et ultimam exhibet Meninski. [1]) P. om. دیگر [2]) Idem بیش باید [3]) B. om. اسرائیل [4]) B. om. راهنمای [5]) او deest in eod. cod. [6]) M. om. الوان [7]) P. وزخم

تابعه بعد از انقضای مدت مذکور بخواب غفلت فرو رفتند سلطان فرمود تا هر یکرا بند گران که کمند اجل در مقابلهٔ [1]) آن از تار عنکبوت واهی‌تر می نمود بر پای او نهادند وچون اسرائیل از خواب مستی سر بر آورد خودرا دل خسته ودست وپای بسته یافت وچندانکه پس وپیش نگریست راه خلاص ومناص مسدود یافت بالضروره بقضا رضا داد وسلطان اورا بقلعهٔ کالنجار که از قلاع ممالک هند بمتانت ومناعت ممتاز ومستثنی بود [2]) فرستاد واو هفت سال دران حصار محبوس بماند وآخر الامر هم در آنجا [3]) بمحنت موت گرفتار گشت وپسرش قتلمش که عمرا [4]) دران حوالی تعرف حال پدر میکرد بعد از وفات او با دلی بریان وچشمی [5]) گریان پشت استظهار شکسته ودست مکافات بسته متوجه بخارا شد واین قضیهٔ [6]) پر غصهرا بعرض سایر اولاد سلجوق رسانید وبه این واسطه سور ایشان شیون گشت ومصر جمعیت

---

[1]) B. اجل در برابر [2]) P. هند ممتاز وبمتانت ممالک هند B. om. مستثنی وبمناعت اشتهار داشت [3]) P. آنجانب [4]) Uterque cod. عمری; scripsi عمرا quum sit accusativus voc. عمر adverbii loco positus significatione: *longum tempus, diu.* [5]) B. دل بریان وچشم [6]) P. وقصهٔ

آنجماعت روی بخرابی نهاد وبعد از مدتی که بر این واقعه بگذشت سلجوقیه ایلچی بخدمت سلطان محمود فرستاده رخصت طلبیدند که از جیحون بگذرند ویورتی در حوالی نسا وابیورد [1] اختیار کنند سلطان دستوری ارزانی داشته [2] ارسلان حاجب [3] این معنیرا نه پسندیده گفت از آنجا که شرایط جهانبانیست با وجود کثرت [4] تراکمهٔ سلجوقیه وسابقهٔ مخالفت ومخاصمت ایشانرا بولایت خود راه دادن وآشنا کردن غریب می نماید بیت [5]

بزم دو جمشید مقامی که دید
جای دو شمشیر نیامی که دید

سلطان آن نصیحترا بسمع قبول راه نداد وملتفت به این حکایت نگشت وآن قوم از آب گذشته در صحرای نسا رحل اقامت انداخته مدتی دیر باز بفراغت بسر بردند وتا سلطان محمود در قید حیات بود اظهار تمرد وعصیان [6] نکردند وچون او برحمت

---

[1]) B. نسا بیورد [2]) Id. دستوری داده [3]) Uterque cod. حاجب alii جانب cf. Wilken *Hist. Gasnevid.* p. 29 not. 5 p. 162 not. 29. [4]) کثرت deest in cod. B. [5]) Addidi بیت in utroque cod. omissum. Metr. رجز [6]) B. وعناد

ایزدی پیوست ونوبت جهانداری بسلطان [1] مسعود رسید طغرلبگ وچغربگ نوشتهٔ بعمید [2] نشابور ووالی طوس فرستاده التماس نمودند که مقام ایشان در نواحی نشابور تعیین فرماید ودران اوان مسعود در جرجان بود وعمید ملتمس آل سلجوقرا معروض سلطان گردانیده سلطان جهت دفع سلجوقیه [3] ومحافظت ملک موروث [4] از جرجان مراجعت نموده بنشابور آمد وبنابر آنکه لشکر از عفونت هوای استراباد خسته بودند وچهارپایان از کثرت آمدشد کوفته بنفس خویش نتوانست که حرکت کند اما فوجی از ابطال رجالرا [5] که از آسیب زمان مصون مانده بودند فرمود تا متوجه اردوی آل سلجوق گردند وآنجماعت ایلغار کرده بیخبر بر سر ایشان رسیدند وسلجوقیه چون ساخته وآمادهٔ حرب نبودند بالضروره منهزم گشتند وهرچه داشتند بباد فنا وتاراج دادند وبزودی مراجعت نموده میان هر دو فریق مصافی [6] عظیم رفت ولشکر سلطان مسعود شکست یافته مضمون یوم لنا ویوم لکم [7] صفت حال ایشان

---

[1] P. نوبت بسلطان [2] B. بامیر [3] P. سلجوق
[4] B. add. ومکتسب [5] P. رجال [6] B. مصاف
[7] P. علینا

گشتن وبعضی 1) ازان طایفه از سرای دنیا بدامن عقبی روی 2) نهاده برخی بسلطان پیوستند واموال واسلحهٔ فراوان بدست سلجوقیان افتاده علم دولت برادران سر باوج ثریا وفرقدان 3) کشید ومسعود تارهٔ اخری والی خراسانرا فرمان داد 4) تا بدفع مخالفان کمر بندد وحاکم خراسان پیغام بسلطان داد 5) که لکل عمل رجال نهال اقبال ترکمانان ازان راسختر شده که بصرصر قهر لشکر چون منی از پا در آید   بیت

خود بدیدست در جهان باری 6)
کار هر مرد ومرد هر کاری

چون این جواب بمسعود رسید متغیر شده گفت این شخص میخواهد که در دامن فراغت پای استراحت دراز کند والی خراسان چون این سخن شنید توسن مطاوعت در زیر زین کشیده جوشن امتثال در پوشید وخود توکل بر سر نهاده گفت   مصراع 7)

چه کند بنده که گردن ننهد فرمانرا

---

1) P. گشته بعضی 2) B. روی بدامن عقبا 3) Id. سر بغرق فرقدان 4) P. خراسان فرمان داده 5) Id. فرستاده 6) P. کاری false. Metr. خفیف 7) In cod. P. مصراع deest. Hemistichium metro رمل est compositum.

وروی بسلجوقیه نهاده در صدمهٔ اولی تاب مقاومت نیاورد [1] وبعد از انهزام او آل سلجوق مملکت خراسانرا بر یکدیگر قسمت کردند وطغرلبگ در نشابور بر سریر سلطنت نشسته اساس عدل وداد مؤکد گردانید وچغربگ در [2] دیار مرو دار الملک ساخت وچون خبر استیلای آل سلجوق بمسعود رسید با لشکری که هامون وکوه از کثرت آن بستوه می آمد از غزنین بیرون آمده متوجه خراسان گشت وچون بحدود آن مملکت رسید شنید که طغرلبگ در طوس وچغربگ در مروست وسلطان این معنیرا [3] که برادران از هم جدا اند فوزی [4] عظیم دانسته بر فیل سوار شد وجمعی از طبقات حشم اختیار کرده ایلغار فرمود تا طغرلبگرا گوشمالی دهد چون طغرلبگ بیدار بود سلطان در وقت صبح که قریب بطوس رسید بر پشت فیل بخواب رفت وهیچ یک از خواص خدم واعیان حشم از بیم خشم چشم سلطانرا [5] به بیخوابی آشفته نکردند واز خبر السهر جراحت اندیشیده بران جرآت اقدام ننمودند چون سلطان از

---

[1]) B. بخیل سلجوقیه نهاد اما تاب مقاومت نیاورده در صدمهٔ اولی روی بهزیمت نهاد [2]) B. om. [3]) P. واین معنی [4]) B. فوز [5]) P. سلطان

خواب در آمد برادران که ازینها فرصت می نمودند بیکدیگر پیوسته بودند [1]) ومسعود بر کیفیت اتصال ایشان اطلاع یافته من حیث الضرورة باز گشت وبازوی خویش ملحق شده باز دیگر آهنگ جنکرا [2]) ساز داد ومیان سلطان وسلجوقیان حربی اتفاق افتاد که لا یصفه الواصفون وچون سلجوقیه پیش از تسویهٔ [3]) صفوف آب بقدر احتیاج برداشته انبارها انباشته بودند در اثنای محاربه حرارت عطش بر غزنویه مستولی شده واز جنک بستوه آمده سلطانرا در معرکه گذاشته روی بانهزام نهادند وسلطان از روی اضطراب بر پشت فیلی که از هیبت او لرزه در دل سنک وزلزله در اعضای شیر وپلنک افتادی سوار شده روی بگریز آورد وجمعی از مخالفان اورا تعاقب نمودند وسلطان هرچند آواز بلند کرد که صلاح شما در مراجعتست قبول نکردند عاقبت سلطان توقف نمود تا بوی رسیدند وبگرز گران [4]) یکی از آنهارا که بقصد او جان بر کف دست نهاده بودند با اسب [5]) بی جان ساخت ودیگران چون آن زخم دیدند مایوس باز گشتند ورکابداری که با

[1]) P. پیوستند [2]) B. جنک [3]) Id. تصغیف [4]) P. add. سنک [5]) B. باسب

سلطان هم عنان بود گفت کسی که بیک اشارت
دمار از گردان تواند[1] بر آورد چرا گرد هزیمت
گردد وگرد منقصت بر چهرهٔ شجاعت نشاند
سلطان گفت هراینه چون اقبال مساعدت ننماید
وسعادت معاونت نکند کثرت عدت وآلت ووفور
شوکت ومبارزت چون خشت در تیر آب[2] ضایع باشد
ومانند خضاب در شباب بیحاصل نماید   بیت[3]

زبیژن فزون بود هومان بزور
هنر عیب گردد چو بر گشت هور

مترجم کتاب ملک نامه آورده است که چون سلطان
مسعود از معرکهٔ چغربگ روی بر تافت هزار کس
از اعیان لشکر او اسیر ودستگیر شدند وچغربگ
همهرا از ذل اسر[4] خلاص داده. با اسب وجامه وزاد

---

[1]) P. تـــوان [2]) Ita scripsi pro mendoso تـيـزاب utriusque codicis, quum sensus sit: *instar lacrimae in diluvio.* Bene lexici برهان قاطع auctor inter diversas voc. تیر significationes exhibet notionem *diluvii,* quum dicat تیر idem significare ac صاعقه وطوفان. Castellus et Meninski neglecto طوفان nostro vocabulo tantum vim vocis صاعقه tribuerunt. آب tum explicatius voci تیر additum. [3]) P. om. بیت. — Metr. متقارب [4]) B.

وراحله با ایشان مسامحت نمود ورخصت [1]) انصراف
ارزانی داشت وآن قوم خوشدل وشاکر بمواطن خویش [2])
مراجعت نمودند وبعد ازین قضایا چغربگ با لشکری [3])
آراسته بجانب بلخ توجه نمود وشخصی که از قبل
سلطان مسعود بحکومت آن ملک اشتغال داشت بمرمت
برج وباره پرداخته اسباب قلعه‌داری مهیا کردانید
وچغربگ ایلچیان بشهر فرستاده والی بلخرا از مخالفت
تخویف وتحذیر نمود واو [4]) بحبس وقید ایشان
فرمان داد وباعلان کلمهٔ عصیان مبادره نموده رایت
عناد وشقاق بر افراخت وبنابرین لشکر ظفر قرین
دست بغارت وتاراج بر آورده دمر ظاهر آن دیار دیّار
نماند ودرین اثنا چغربگ شنید که مودود بن مسعود
با طایفهٔ از بهادران متوجه است ودو هزار کس از
لشکریان او [5]) برسم قراولی نزدیک رسیده اند لا جرم
جمعی‌را [6]) از ترا کمه بدفع مخالفان نامزد فرمود وبعد
از تقارب فئتین حربی [7]) عظیم واقع شده مودود
منهزم گشت وخلقی نامحدود از غزنویه بقتل آمده
یکی از اعیان امرای او در پنجهٔ تقدیر اسیر ودستگیر

اسیر male. [1]) P. نموده رخصت [2]) B. omittit خویش [3]) P. لشکر [4]) Id. نموده او [5]) P. هزار از لشکریان Uterque cod. دو pro ودو [6]) Id. جمعی [7]) P. حرب

شد چون این خبر بسمع والی بلخ رسید خوف وهراس
بر ضمیر او استیلا یافته در امر محاربه با چغربک
تردد پیدا کرد[1] در خلال این احوال خبر موت
سلطان مسعود بسمع اهالی[2] بلخ رسیده سپاهی ورعیت
آن بلده[3] دست در دامن استیمان زده فریاد الامان بر
آوردند ومشایخ وموالی از شهر بیرون آمده زبان
بشفاعت واعتذار کشادند وچغربک از عثرات[4] آنجماعت
در گذشته نیل عفو واغماض بر هفوات ایشان پوشانید
وبر[5] ولایت بلخ مستولی شده آن مملکترا بسرداری
عادل صاحب وجود سپرد وبجیش خویش متوجه
کنار جیحون گشت ودران سرزمین خوارزمشاه در
سلک ملازمان انخراط وانتظام یافت وسبب آمدن
او آنکه شاه ملک صاحب جیش ولشکرکش خوارزمشاه
در مقام سرکشی ومخالفت آمده دست تصرف اورا
ازان ولایت کوتاه کرده بود واعیان وامرای[6] خوارزمرا
درین امر[7] با خود یار کرده چون خوارزمشاه بدستبوس
چغربک مستسعد گشت صورت واقعهرا معروض داشت
وزبان بتضرع وابتهال کشاده در باب انتظام احوال

---

1) P. کرده 2) Id. بوالی 3) Id. بلدان 4) B. از زلت وغیرت 5) P. بر پوشانده B. پوشاند وبر litera ی in utroque cod. male omissa. 6) B. وامرا وعظمای 7) Id. دران باب

پریشان خویش [1]) ازان دولتمند استمداد [2]) نمود وچغربگ خوارزمشاهرا بمواعید والطاف مستظهر گردانیده باستخلاص مملکت موروث نوید داد وبمضمون کلمت [3]) الکریم اذا وعد وفا عمل کرده بعد از چند روز با لشکری [4]) شمشیرزن نیزه‌گزار متوجه خوارزم شد وشاه ملک گشغوار در حصار خزیده سپر ممانعت ومدافعت بر سر کشید وتا ظهور لشکر وی چغربگ بمحاصرهٔ شاه ملک اشتغال فرموده صورت تسخیر [5]) خوارزم روی ننمود وچون دیگر صلاح در توقف ندید با خوارزمشاه گفت که [6]) مصلحت آنست که این زمستان مراجعت کرده در خراسان بسر بریم وبهنگام بهار که وقت حرکت لشکرست باتفاق سلطان طغرلبگ بار دیگر متوجه اینجانب [7]) شویم آنگاه طبل رحیل کوفته عازم دار الملک خویش گشت وچون خسرو انجم سپاه پرتو التفات بر بیت الشرف خود افکند طغرلبگ وچغربگ بمرافقت هم‌عنان عزیمت بجانب خوارزم منعطف گردانیدند ونزدیک بشهر رسیده جائی مناسب از برای نزول اختیار

---

[1]) B. om. خویش [2]) P. التماس [3]) B. وبمقتضای
[4]) P. لشکر مضمون [5]) B. add. رزم [6]) Id. om. کـه
[7]) P. آنجانب

فرمودند وبنابر آنکه شاه ملک از شهر بیرون نمی آمد که مهم بفیصل رسد مدت محاصره متمادی گشت وآخر الامر بطریق فریب سلجوقیه یکمنزل بازپس نشستند وخوارزمیان بتصور آنکه ایشان منهزم شدند بهیات اجتماعی بیرون آمده تراکمهرا تعاقب نمودند وترکمانان توقف نموده وشمشیر انتقام از نیام بیرون کشیده روی بجنگ امرا وارکان دولت شاه ملک نهادند وبعد از ستیز وآویز نسیم اقبال بر پرچم رایت طغرلبگ وچغربگ وزیده جمعی کثیر از خوارزمیان بقتل آمدند [1] وچهل نفر از اقارب وعشایر [2] شاه ملک در سلک اساری انتظام یافتند چون خبر انهزام سپاه شاه ملک [3] بسمع خوارزمیان رسید اهالی واعیان آن [4] مملکت بخدمت آن دو پادشاه صایب [5] تدبیر شتافتند وشاه ملک طوعا او کرها دل از حکومت بر گرفته با سایر نسا وصبیان وخواص خویش روی بصحرا وبیابان نهاد وتراکمه دست بنهب وتاراج بر آورده اموال بی پایان وغنایم [6] بیکران گرفتند وشاه [7] ملک مخذول خواست که دران اوان [8] بصاحب

---

[1]) B. رسیدند [2]) Deest in cod. P. [3]) Id. انهزام
[4]) P. om. آن [5]) Id. صاحب [6]) B. وغنیمت لشکر
[7]) P. گرفته شاه [8]) B. om. دران اوان

غزنين پيوندد تا بمدد ومعاونت او از سلجوقيان انتقام كشد اما در اثناى راه بجزاى اعمال خويش گرفتار گشته مهم او بپايان رسيد وبعد ازين فتح مبين طغرلبگ بدهستان رفت وازانجا بجرجان توجه نموده آن ولايترا [1]) در حيطهٔ تسخير وتصرف [2]) در آورد واز جرجان لشكر برى كشيد ومخالفانرا خوار ومقهور ساخته در [3]) كمتر از يكسال بر مجموع بلاد غربى [4]) مستولى گشت ودر سنه ست واربعين واربعمايه طغرلبگ بعد ازانكه ممالك آذربايجانرا [5]) گرفته بود بغزو روم رفت ومظفر ومنصور باز آمد وهم درين سال خواست كه بحج رود وراههاى مكهرا [6]) اصلاح فرمايد وبر قلع وقمع [7]) خلفاى علويه كه بر مصر ومغرب استيلا داشتند [8]) پردازد بنابرين مسرعان بدينور

---

[1]) P. ولايت [2]) Id. وضبط [3]) P. كشيده مخالفان بتمامت ديار عراق [4]) B. او خوار ومقهور شدند ودر
[5]) P. om. را. — Male uterque cod. اذربايجان quum sit compositum ex آذر *ignis*. Alia scribendi ratio آذربيجان. In lex. برهان قاطع legitur: آذربيجان همان آذربايجان است كه ولايت تبريز وشهر تبريز باشد. Cf. Wüstenfeld *Abulfedae tabulae quaed. geogr.* p. 29 sq. et 112.
[6]) B. ملكرا [7]) B. واستيصال [8]) P. داشته

وولایات دیگر که بر ممر آن [1] عزیمت افتاده بود فرستاد تا نزل وعلوفهٔ لشکر مهیا دارند ودر دار السلام این خبر شایع شد که طغرلبگ عزیمت بغداد دارد ولشکریان خلیفه بدیوان رفته ارزاق طلبیدند وشورشی عظیم در عراق عرب افتاده [2] ملک رحیم دیلمی که امیر الامرای بغداد [3] بود با بساسیری که ذکر او در خلافت القایم بامر الله گذشته است [4] متوجه پایهٔ سریر خلافت مصیر گشت ودر خلال این احوال خلیفهٔ بغداد مکتوبی بملک رحیم دیلمی فرستاد [5] مضمون آنکه بساسیری در مخالفت ما یکجهت شده بمصریان مکتوبات نوشته است [6] وبا ایشان در ساخته متوقع از ملک آنکه بهر نوع که باشد دفع فتنه وفساد او کند [7] بساسیری این خبر شنیده ترک [8] مرافقت ملک رحیم کرده پیش نور الدوله حاکم حلب که میان او وبساسیری مبانی محبت ووداد استحکام یافته بود رفت وملک رحیم ببغداد آمد [9] مقارن این حال ایلچی طغرلبگ رسیده کمال اخلاص ووفور دولتخواهی پادشاه خودرا [10]

---

[1]) B. بمر این [2]) P. افتاد [3]) Id. الامرا om. بغداد
[4]) P. گذشت [5]) Id. فرستاده [6]) B. om. است [7]) P. او om. B. کنید
[8]) B. وترک [9]) Id. آمده [10]) B. خود

بعرض خلیفه رسانید وطغرلبگ باتراک ومتجنده
بغداد نامها فرستاده بمواعید جمیله ایشانرا مستظهر
گردانیده بود وفراخور هرکس تحف وهدایا فرستاده
ونایب خلیفه که اورا رئیس الرؤسا میگفتند میخواست
که طغرلبگ ببغداد آید تا دست تصرف ملوک دیالمه
بتخصیص ملک رحیم ازان مملکت کوتاه گردد لا
جرم خلیفه‌را بران داشت تا بطغرلبگ مکتوبی [1] ارسال
نموده اورا طلب داشت وچون طغرلبگ بنهروان رسید
رئیس الرؤسا با جمعی از قضات ونقبا واشراف به
استقبال شتافت [2] واز جانبین عهد وپیمان در میان
آمده در رمضان سنه سبع واربعین واربعمایه طغرلبگ
ببغداد رسید وبعد از چند روز وحشتی تمام [3] میان
بغدادیان ولشکر طغرلبگ [4] واقع شد وبه این بهانه
طغرلبگ ملک رحیم دیلمی گرفته اموال اورا تصرف
نمود چنانچه سابقا مذکور شد مدت حکومت ملک
رحیم در بغداد شش ماه وده روز [5] بود ودرین سال در
بصره واهواز خطبه بنام طغرلبگ خواندند ودر سنه
خمسین واربعمایه ابراهیم نیال [6] که برادر مادری طغرل

---

[1]) P. مکتوب [2]) Id. رفت [3]) P. om. تمام [4]) P. om. لشکر وطغرلبگ [5]) In cod. P. deest وده روز [6]) Ita constanter uterque codex. Varie scribitur nomen aut

بود با او مخالفت کرده از عراق متوجه همدان شد
تا خزاین اورا که در آنجا [1] بود متصرف گردد
بالضروره طغرلبک مهم بساسیری که با خلیفه معادات
می ورزید مهمل گذاشته بر عقب ابراهیم رفت
وبساسیری فرصت یافته از رحبه بموصل آمد وقریش
بن بدران صاحب موصل با او اتفاق نموده با آنمقدار
لشکر که همراه داشتند متوجه بغداد شدند ودر
هشتم ذی قعدهٔ سنهٔ مذکوره ببغداد رسیده [2] در
جامع منصور روز جمعه خطبه بنام المستنصر بالله علوی
خواندند وبساسیری القایم بامر الله العباسی را [3] گرفته
در حدیثه محبوس گردانید وعامهٔ بغداد عن صمیم
القلب بساسیری را اطاعت نمودند وشیعه جهت
تعصبی که در مذهب داشتند واهل سنت وجماعت
بسبب ایذای که از ترکمانان سلجوقی [4] دیده بودند [5]
با ایشان متفق شدند وبعضی از هواخواهان خلیفهٔ
بغداد از شهر بیرون رفته وقطع مغاوز ومسالک

اینال aut ینال aut بیال aut بنال aut نبال V. Abulfed. *Ann. Musl.* t. III p. 671. not. 87. Wilken *Hist. Gasnev.* p. 190. not. 66. Cf. quae in conversione ad h. l. annotavimus. 1) P. آنجانب 2) Id. رسید 3) B. عباسی 4) Id. سلجوق 5) P. رسیده بود

نموده خودرا بسلطان طغرل رسانیدند [1] اما احوال طغرل چنان بود که چون قریب بهمدان رسید شنید که لشکر بسیار در ظل رایت ابراهیم نیال مجتمع شده اند بنابر ضرورت خودرا بکناری [2] کشیده از خویشان واقربا در دفع آن حادثه مدد خواست ودران اوان چغربگ در خراسان فوت شده بود وپسرش الپ ارسلان بجای او بر مسند حکومت تکیه زده چون الپ ارسلان از کیفیهٔ آن واقعه خبر یافت بمعاونت عم خود طغرلبگ با لشکر آراسته [3] از خراسان بجانب عراق روان شد ودر [4] نواحی ری بلو [5] پیوست وباتفاق یکدیگر متوجه همدان گشته [6] با ابراهیم محاربه کردند وابراهیم منهزم شد ولشکریان [7] طغرلبگ تعاقب نموده اورا بگرفتند وبموجب فرموده بزهٔ کمان مقتول ساختند [8] وبعد از فراغ از قضیهٔ ابراهیم طغرلبگ بار دیگر متوجه عراق عرب گشته همگی همت بران مقصور گردانید که ثانیا القایم بامر الله بر مسند خلافت بنشاند [9] لا جرم رسولی

---

1) B. رسانید 2) P. بر کنار 3) B. با لشکر آراسته etc. بمعاونت inverso ordine. 4) P. شده در 5) Id. بعم 6) B. روان شده 7) B. گشته لشکریان 8) P. شد 9) B. نشیند P. حکومت pro خلافت

نزد بساسیری وقریش بن بدران [1] فرستاده پیغام داد
که خلیفه‌را بر تخت حکومت نشانند وایشان در
بغداد ملازم آنجانب باشند مشروط بشرطی که در
خطبه نام او ردیف نام قایم باشد وبساسیری وقریش
ازین معنی سر باز زده طغرلبگ عزیمت دار السلام [2]
نمود وچون اهالی آن دیار از وصول او خبر یافتند
بساسیری با حرم ومتعلقان خویش از شهر بیرون رفت
وخلیفه‌را بجانب بریه روان کرده جمعی‌را بمحافظت
او گماشت وطغرلبگ برین معنی اطلاع یافته وزیر
خویش عمید الملک کندری‌را با طایفهٔ از اهل
نجدت وبسالت نزد خلیفه ارسال کرد وتحف
وهدایا از اسبان رهوار واستران قطار وخیمه وخرگاه
وغیر ذلک مصحوب آنجماعت [3] کردانید وایشان [4]
بمحبس خلیفه رسیده خدمتش‌را از حبس بیرون
آوردند وباتفاق متوجه دار السلام شدند ودر ذی
قعدهٔ [5] سنه احدی وخمسین واربعمایه بنهروان رسیدند
وطغرلبگ‌را با قایم در آنموضع اتفاق ملاقات افتاد

---

[1]) P. om. وقریش بن بدران [2]) P. add. بغداد
[3]) B. او [4]) Id. وآنجماعت [5]) B. وبر ذی حجهٔ. Cum
lectione recepta consentit Abulfeda. V. *Annal. Muslem.*
t. III p. 178. lin. 8.

وچون طغرلبگ خلیفهرا از دور دید پیاده شد وقایم [1]
با او گفت که ارکب یا رکن الدین وطغرلبگ
سوار شده تهنیت خلافت وعذر تقصیر خویش معروض
داشت وگفت اگر توفیق رفیق باشد [2] سزای
بساسیری دهم [3] ومستنصررا نیز [4] از مملکت معزول
کنم بعد ازان روی ببغداد نهادند واشراف واعیان
شهر به استقبال بیرون آمده اظهار مسرت وشادمانی
کردند وخلیفه بمعاونت طغرلبگ نوبت دیگر بر
مسند ریاست وحکومت متمکن گشت ودر سنه اربع
وخمسین واربعمایه طغرلبگ یکی از مخدرات حجرهٔ
خلافترا خطبه نموده خلیفه دست رد بر سینهٔ ملتمس
او نهاد [5] وعمید الملک کندری بنیاد توسط کرده
بحسن [6] تدبیر او قایم رضا داد وچون عقد منعقد
گشته چند [7] گاه ازان [8] قضیه گذشت طغرلبگ از
بغداد مراجعت نموده بروایتی خواست که زفاف در
ولایت ری واقع شود بعد ازانکه بدان ولایت رسید
مریض شده در گذشت ودختر خلیفه بی آنکه خلوت
صحیحه کند بدار السلام باز گشت زمان حیات طغرلبگ

---

1) B. شده قایم 2) Id. شود 3) B. بدهم 4) P. om. نیز 5) B. نهاده 6) Id وبحسن 7) P. گشت وچند 8) Id. برین

هفتاد سال بود [1]) ومدت سلطنتش بیست وشش سال امتداد یافت [2]) وچون او عقیم بود وصیت فرمود که برادر زادهاش الپ ارسلان بن چغربگ پادشاه باشد *

فصل ۷

ذکر سلطنت الپ ارسلان بن چغربگ بن میکائیل بن سلجوق

سلطان [3]) عضد الدین ابو شجاع الپ ارسلان پادشاهی [4]) ذو اقتدار کامکار وشهریاری کامیاب وکامران بود متحلی بفر آلهی ومزین بابهت شاهی شجاعت او در بسیط جهان مشهور ومذکور وسخاوت او بر صفحات زمان مزبور ومسطور محاسن او طول داشت وطاقیهٔ طویل نیز بر سر می نهاد گویند که از سر طاقیه تا نهایت لحیهٔ او دو گز در نظر بیننده آمدی چون الپ ارسلان بر تخت سلطنت [5]) نشست دلیران فرس وبهادران ترک استبشار بسیار نمودند واو ابواب خزاین گشاده نسبت بضعفا وصعالیک وصلوک ممالیک [6]) احسان بیشمار بجای آورد ودر

---

[1]) Verba وبختر خلیفه usque ad سال بود desunt in cod. P. [2]) B. om. امتداد یافت [3]) P. چون سلطان [4]) Id. پادشاه male. [5]) P. سلطان [6]) Scripsi وصلوک pro

مبداء حال عمید الملک ابو نصر کندری وزیررا گرفته محبوس گردانید وچون خواجه نظام الملک از کمال کیاست [1] ودوربینی عمید الملک خایف ومستشعر [2] می بود سعی در قتل او می نمود وچون رخصت کشتن عمید الملک حاصل کرده اورا بسیاف سپرد عمید الملک [3] قاتل خودرا گفت بعرض پادشاه رسان که سعادت دارین مرا از خدمت شما حاصل شد عمت طغرلبگ حکومت دنیا بمن داد وبسبب حکم تو شهادت یافته درجات عقبی نصیب من آمد وبا وزیر بگو [4] که بد بدعتی [5] وزشت قاعدهٔ در جهان آوردی زود باشد که هرچه [6] در بارهٔ من اندیشیدی در بارهٔ اخلاف [7] واعقاب خویش مشاهده کنی وآخر الامر آنچه بر زبان عمید الملک بگذشت بوقوع انجامید القصه چون الپ ارسلان بر مسند فرماندهی تکیه زد گردنکشان آفاق مراسم متابعت ومطاوعت بجای آورده کمر خدمت وملازمت او بر میان بستند واو از کنار جیحون تا دجله واز عبادان تا سواحل

بضعفا وممالیک In cod. B. وملوک cod. P. mendoso

[1] P. سیاست [2] Id. ومستبشر false. [3] P. سپربند om. [4] P. بگوی [5] Id. بدعته [6] B. عمید الملک آنچه [7] P. اسلاف

بحر محیط در حیطهٔ ضبط وتسخیر در آورد ودختر خان ترکستانرا جهت پسر خویش سلطان ملکشاه بخواست وعفیفهٔ مودود بن مسعودرا [1] جهت پسر دیگر خود ارسلانشاه در سلک ازدواج کشید وپیوسته مجلس او بوجود علما وفضلا مشحون بودی ودر حضرت او سخن از غزوات حیدر کرّار وحالات اسکندر [2] بسیار گذشتی واز جملهٔ قضایای کلیه که در زمان سلطنت او روی نمود گرفتاری پادشاه روم بود وکیفیهٔ این [3] واقعه آنکه دران ایام [4] که سلطان الپ ارسلان عزیمت عراق عرب کرده بقلعهٔ خُوَی رسید منهیان معروض داشتند که پادشاه روم لشکری عظیم از فرنج وروس وارمن وسرپانیان ویونانیان درهم کشیده وقریب سیصد هزار مرد [5] شمشیرزن نیزه گزار که اسامی ایشان در دفتر عرض مثبت شده همراه دارد وچندان بطارقه [6] واساقفه در ظل رایت او مجتمع گشته اند که محاسب وهم از تعداد آن جماعت بعجز وقصور اعتراف دارد [7]. وقیصر

---

1) B. مسعود بن محمودرا 2) Id. واسکندر om. حالات
3) P. کیفیهٔ 4) B. در ایامی 5) P. om. مرد 6) B. add. واسارقه In cod. P. چندان ante مجتمع positum.
7) P. می نمایند

وتبعهٔ او در خاطر دارند که مدینة السلام بغدادرا مسخر ساخته بجای خلیفه چاتلیقی بنشانند وبعد ازان تا سمرقند بر هیچ مکان [1]) توقف ننمایند ومصاحف سوخته ومنابر شکسته احدیرا از متقلدان همت اسلام زنده نگذارند وچون این صورت [2]) متبغن الپ ارسلان گشت متوجه جهاد وقلع وقمع اهل شرک والحاد شده با [3]) وزیر خویش [4]) نظام الملک طوسی گفت که احمال واثقالرا بموضعی که مصلحت باشد [5]) ببر که من عزیمت آن دارم که با اعدای دین دستی در کمر زنم نظام الملک جواب داد که چون درین مدت انعام سلطان در بارهٔ بندهٔ کمینه متواتر ومتوالی بوده مغارقت رکاب عالیرا کارهم [6]) وبهیچ وجه روی از خدمت بر نخواهم تافت واز تحت رایات منصوره پناه بجای دیگر نخواهم برد سلطان فرمود که انت اذا غبت عنا بالقالب فانت حاضر عندنا فی القلب همتک معنا وبرکتک تتبعنا ودعاؤک تمدنا وثناؤک تسعدنا فلا بد من ارتسام ما رسمناه لک وزیر چون این فصل از سلطان شنید

---

[1]) B. om. در مکان et praecedens [2]) P. صورت حادثه دانی [3]) Id. om. این [4]) B. گشت وبا [5]) Id. خوب

[6]) Pro کاره ام *abhorreo.*

انگشت قبول بر دیده نهاده بموجب فرموده عمل نمود وسلطان با ده هزار مرد که ملازم رکاب همایونش[1] بودند از تبریز بجانب قیصر روان شد وجمعیرا برسم[2] قراولی از پیش فرستاد وایشان یکی از مخالفانرا گرفته نزد سلطان آوردند وبحکم سلطان بی تامل وتوقف آن ملعونرا بدوزخ فرستادند وفرمان واجب الاتباع الپ ارسلان شرف نفاذ یافت که ازان ملاعین هرکه بدست افتد با او بهبین[3] نوع عمل نمایند درین اثنا خبر رسید که قیصر مخذول بملازجرد[4] که ثغری عظیم بود از ثغور اسلام فرود آمد ودر ظل رایت او سیصد هزار سوار جرار مجتمع اند وسلطان با وجود قلت عدد متوکلا علی الله ستیجیدهٔ[5] حرب شده چون نزدیک بملازجرد رسید شنید که قیصر قبهٔ بارگاه باوج مهر وماه برافراشته ودر میان لشکرگاه سراپردهٔ اطلس سرخ زده بر تختی از زر سرخ نشسته است وازبطارقه چهل صف در خدمت او بپا

[1]) P. همایون [2]) Id. باسم [3]) P. همین [4]) Uterque cod. بملانجرد cum ن ut videtur; sed Abulfeda hoc nomen cum ز scribi diserte dicit. V. Wüstenfeld *Abulfedae tab. quaed. geogr.* p. 37 l. 3. cf. p. 116 ubi plura de hac urbe. [5]) B. مهیای

ایستاده اند واز اساقفه چهار تن در مجلس وی ظروف
ماء معمودیه [1]) بر دست نهاده اند وعیسیرا علی نبینا
وعلیه السلام وصف بصفت لاهوت میکنند ودر تنزیهء [2])
مریم از اوصاف ناسوت مبالغه می نمایند وجمعی از
علماء نصاری نزدیک سراپردهء او پیوسته بقراءت
انجیل وزبور مشغول اند وطایفهء از رهابین پرتو
اهتمام بر ذبح قرابین می اندازند وده هزار نفر در
لشکر او با [3]) تبر ومثل آن جهت قلع اشجار وفتح
قلعه وحصار مهیا وآماده اند وده هزار دیگر با
قارورهای نفط از برای تخریب بلدان وعمران [4]) مرتب
اند وسپاهی سپاه بهزار هزار میرسد سلطان از استماع
این فصول هیچگونه پریشانی واندیشه بخاطر
اشرف [5]) راه نداد واعیان لشکر وطبقات حشم ظفر
نشانرا استمالت داده ضمایر ایشانرا بمضمون کلمهء [6])
کم من فئة قلیلة غلبت فئة کثیرة باذن الله مطمئن
گردانیده فرمود که جنگرا تا سه روز موقوف باید
داشت وبعد از انقضاء این مدت در روز جمعه که

---

[1]) Uterque cod. عمودیه mendose, pro recto معمودیه *baptismus* a nobis recepto. [2]) In utroque تنزیه [3]) P. به [4]) B. وغیر آن [5]) P. om. اشرف [6]) Id. کریمهء significatione *versus Corani.* V. Meninsk. lex. s. v.

خطبای اسلام زبان بکلمهٔ اللهم انصر جیوش المسلمین کشاده باشند وخواص وعوام دست بآمین برداشته بدین مدابر[1] حمله باید کرد ومستظهر باید بود که خداوند عالم تقدّست[2] اسمآؤه وتعالت نعمآؤه فتح وظفر روزی کند لشکریان قول سلطانرا بسمع رضا اصغا نموده دران ایام بکارسازی مشغول شدند وچون سه روز برین قضیه بگذشت از هر دو جانب بتعبیهٔ لشکر وتسویهٔ صفوف اشتغال نمودند واز طرف مخالفان صد نقیب پیدا شدند که در دست هریک از نقبا صلیبی بود وبا هر صلیبی سرداری که طایفهٔ جرار گوش بامر ونهی او نهاده بودند ودر برابر هریک ازان افواج شرذمهٔ قلیل از اهل ایقان وعرفان در میدان آمدند وآتش پیکار بر افروخته در اثناء گیرودار مقدم الجیش ساوتکین باشارت سلطان ایلچی نزد قیصر فرستاده پیغام داد که هرچند عدد لشکر[3] تو بسیارست اما نیک بیندیش که در مقابلهٔ[4] پادشاهی آمدهٔ که آثار غزوات او بر

---

[1]) In utroque cod. مدابیر mendose, ut videtur, pro مدابر *adversarius, hostis*, quod de coniectura recepi. [2]) P. تقدس B. تقدس است. Scripsi تقدست ob sensum et grammaticam rationem. [3]) P. om. لشکر [4]) B.

صفحات ایام ازان لایحتر است که به بیان [1])
وبرهان احتیاج داشته باشد ومع ذلک اگر ازین
جرأت پشیمان شوی ومتقبل گردی که باج وخراج
کما یجب وینبغی بگذاری وترک عداوت داده [2])
عهود ومواثیق در میان آوری من از سلطان التماس
نمایم که تا جمیع بلادرا بر تو مقرر دارد وهیچ
آسیبی بر تو واتباع تو نرساند واگر نصیحت مرا
بگوش هوش نشنوی شجرهٔ اقلال [3]) خویش‌را قلع
کرده در تضییع ممالک واموال خود [4]) سعی نموده
باشی وچون ایلچی ساونگین بحضور قیصر رسیده [5])
پیغام بگزارد دود حیرت بدماغ او راه یافته بی طاقت
شد وصلیب‌را [6]) از دست راهبی که نزدیک سریر وی [7])
ایستاده بود گرفت [8]) ودست بران نهاده بروح القدس [9])
ولاهوت وناسوت سوگند خورد که در همین روز فرمایم
که [10]) سریر خودرا در موضعی که پادشاه شما قرار دارد [11])
وضع کنند وایلچی‌را باهانت تمام از پیش خود رانده
با مردم خویش [12]) گفت تدبیر آنست که بهیات

مقابل 1) B. بعبیان 2) Id. کرده 3) B. اقال mendose.
4) P. خویش 5) Id. om. رسیده 6) B. وصلیب 7) Id.
نزدیک صلیب او 8) P. بستاند 9) Id. المقدس 10) B. تا
11) P. قرار واستقرار یافته 12) Id. خود

اجتماعی حمله کنید واین فوج اندکرا از میان بر گیرید آنگاه قیصر نیزه بر دست گرفته بر اسب سوار گشت وبهادران روم وارمنرا بر حرب تحریص نمود وچون [1] سلطان الب ارسلان از استبداد وعناد حاکم روم آگاه شد با متجنده ودلاوران گفت که اگر ما در جنگ سستی کنیم یکتن جان نبریم وذریت اهل اسلام بذل اسر گرفتار [2] گشته ما دامت [3] الحیات بمحنت رقیت مبتلا [4] گردند اکنون چاره بجز اصطبار نیست تا ارادهٔ قادر مختار بآنچه متعلق شده باشد از خیر وشر ظاهر گردد ولشکریان [5] این کلمات از سلطان شنیده [6] جواب دادند که جانها فدا کنیم وبقدر وسع وامکان سعی نماییم سلطان به استظهار تمام روی بمخالفان نهاده از جانبین [7] کوس وناقوس [8] باوج آسمان رسید وغبار معرکه بایوان کیوان متصاعد گشت وسلطان با طایفهٔ از اهل نجدت وشجاعت در کمین ایستاده انتظار آن میکشیدند [9] که ارباب توحید در مساجد ومعابد

---

1) B. نموده چون 2) Id. اسیر مبتلا 3) B. دام
4) Id. گرفتار 5) B. لشکریان چون 6) Id. شنیدند منفق الکلمه
7) B. طرفین 8) Id. وصدای ناقوس
9) P. میکشید

ست بدعای جیوش مسلمین [1] بر آرند چون خسرو انجم سپاه بدایرۀ نصف النهار رسید بادی که از آتش دوزخ نشان میداد بر مسلمانان وزیدن گرفت وبنابر آنکه لشکر اسلام راه آب گرفته جماعت فسقۀ فجره را از تصرف دران [2] مانع میشدند حرارت عطش بران [3] مخاییل استیلا یافت وسلطان برین معنی اطلاع یافته از اسب فرود آمد ودستار از سر بر داشته منطقه از میان بکشاد وروی بر خاک [4] استکانت نهاده گفت ای رب الارباب ومسبب [5] الاسباب این بندۀ گناه کاررا بجرایمی که دارد مواخذه مکن ونظر مرحمت وعنایت ازین عبد [6] ضعیف که متکفل امور صالحین تو شده باز مگیر وعنان این باد سموم‌را [7] که متوجه اولیای دین تو شده بجانب اعدا منعطف کردان وسلطان مناجات دور ودراز [8] کرده ومعارف [9] لشکر بموافقت سلطان سر

---

[1]) B. om. مسلمین [2]) B. om. دران ، [3]) Id. عطشی عبادِ. [4]) P. بخاک [5]) B. وای مسبب [6]) B. عباد دران [7]) P. سموم [8]) Id. دراز. [9]) معارف plur. fr. singularis معرف vel معرفة dicitur de *viris illustribus, qui valent auctoritate*, de *principibus*. Vid. Wilken *Hist. Samanid.* p. 100. 126. 150. Jourdain *Hist. des Ismaéliens* in

گریه [1] افتاده فی الحال اثر اجابت ظاهر گشت وآن ریح عاصف بر دشمنان [2] دین در هبوب آمد وسلطان از سر وثوق واستظهار [3] بر بارگیر تند رفتار سوار شده با جمعی دلاوران که از تیر وشمشیر واز پلنگ [4] وشیر در میدان جنگ روی [5] نمی تافتند روی بمخالفان نهاده آتش [6] حرب بالا گرفت [7] اعدای دین حملهای گردان‌را [8] که چون کوه وقار باثبات بودند ودر [9] مقام انتقام به نیزه وحسام قیام می نمودند دیده از [10] سر جان ونقد روان که متاعی بس گران بود بر خواستند وسلطان بجانب یمین وشمال می تاخت وبضرب تیغ وتیر ونیزه مبارز می انداخت درین اثنا یکی از ممالیک سلطان [11] که اورا آبتگین میگفتند از اسب فرود آمده زمین بوسه داد ومعروض داشت که صواب چنین می نماید که سلطان بر اهل خویش ترحم فرماید وبنفس نفیس که عوض ندارد

Notices et Extraits des Manuscrits t. IX. p. 212.
Lexica tantum exhibent notionem *noti* v. Freyt. lex. s. v.
1) B. بگریه 2) P. بدشمنان 3) B. واظهار 4) Id. وبلنگ om. از 5) P. add. بر 6) B. متوجه مخالفان شد وآتش 7) B. گرفته 8) Id. گردونرا 9) B. در 10) P. واز om. دیده 11) B. سلطانی

متصدی امر حرب نگردد وذات شریف خودرا در معرض خطر نیفکند ولحظهٔ راحت واستراحترا بر مقاسات جنگ بگزینند سلطان فرمود که راحت بعد از ظفر واستراحت بعد[1] از نصره برین قوم پیدا دگر خواهد بود وآنچه روی نموده از تعب ونصب چون مستلزم فراغ بال[2] ورفاع حال مسلمانانست ما آنرا[3] عین جمعیت ورفاهیت[4] میشناسیم وسلطان امثال این کلمات بر زبان مبارک گذرانیده آبتکینرا بر محاربه اغوا[5] وتحریص نمود وخود نیز حملات متواتر کرده باد نصرت وظفر در وزیدن آمد وصفوف[6] لشکر روم[7] بهم بر آمده راه انهزام پیش گرفتند وحامیان حوزهٔ دین شمشیر کین از نیام بر آورده جمعی کثیر وجمعی غفیررا بقتل آوردند وبهنگام غروب آفتاب دران معرکه از نصاری دیار نماند وسلطان طایفهٔ را[8] از خواص با گوهر آئین که رکن رکین دولت بود بتکامیشی[9] قیصر فرستاده خود بر

---

[1]) B. پس [2]) Id. om. بال [3]) In cod. P. deest آنرا [4]) B. وفراغت [5]) Id. om. اغوا [6]) P. متواتر کرد لشکر .وصفوف omissis ceteris verbis. [7]) B. om. رومیان [8]) P. طایفهٔ [9]) Voc. تکامیشی saepius in Mirchondi historia legitur significans *insectatio*, *persecutio*. Vid.

سریر او بنشست وگوهر آئین قیصررا تعاقب نموده
یکی از غلامان که ملازم او بودند بقیصر رسید [1]
وبناشناخت زخمی بر وی زده بگذشت وتا زخم دیگر
بر وی زند عنان منعطف گردانید وقیصر از بیم
جان فغان بر آورد که دست خون نگاه دار که پادشاه
روم منم وغلام چون سر مغفر ودیبا ومنطقهٔ او نگاه
کرد دانست که راست میگوید چه معهود نبود که
امثال آن ملابس غیر پادشاهرا باشد وغلام قیصررا اسیر
کرده نزد گوهر آئین آورد ومشار الیه بتعجیل باز
گشته خدمتشرا باردوی شهریار جهان [2] رسانید
وطبقات حشم بر سر سراپرده مجتمع گشته [3] فرمان
جهانمطاع شرف نفاذ یافت که قیصر رومرا بپایهٔ
سریر خلافت مصیر رسانند گوهر آئین بموجب فرموده

Wilken *Hist. Sam.* p. 186. fin., ubi tamen تکامیش scriptum. Videtur esse plur. fr. nominis actionis تکمیش quod significat *propellere, persequi.* Aliud est vocabulum تکشمیشی vel تکشمشی in *Hist. Ismaelit.* et a Silv. de Sacy Mogolicis recte adnumeratum. Reiicienda igitur lectio cod. Vienn. تکامیشی quum ipse sensus aliam requirat notionem. V. Notices et Extraits t. IX p. 181 not. 2 et 246 not. 1. [1]) P. رسیده [2]) Id. جهانیان [3]) Id. گشتند

عمل نموده قیصررا باهانت ومذلت تمام بنظر پادشاه اسلام رسانید وتکلیف نمودند تا روی نیاز بر خاک عجز وانکسار نهاد وچون چشم سلطان بر قیصر افتاد زبان بتوبیخ وسرزنش او بکشاد واورا بانواع خطاب عنیف مخاطب ومعاتب گردانید وقیصر در مقام اعتذار واستغفار آمده گفت مطلوب آنست که سلطان نسبت بمن بر یکی از سه کار اقدام نماید یا رقم عفو بر جرایم جرایم من کشیده آزاد فرماید والا بکشد واگر نمی بخشد ونمی کشد محبوس گرداند چون سلطان باعدام من حکم فرماید لا محاله رومیان بر سلطنت دیگری اتفاق نمایند وباطراف بلاد اسلام از ایشان مضرت رسد واگر رقم عفو بر هفوات وزلات من کشد ما دامت الحیات بنده باشم در مقدم اطاعت وانقیاد سلطان چون این فصول استماع نمود از سر آثام قیصر در گذشته[1] بر زبان مبارک گذرانید که حتی یعطوا الجزیة عن ید وهم صاغرون ودر زمان فرمان داد که قریب بسریر سلطنت مصیر کرسی نهادند وقیصررا باکرام وتعظیم لا کلام[2] بر آنجا[3] نشاندند وعداوت بمصاحبت[4] ومحبت[5] منجر

---

[1]) P. گذشت [2]) B. وتعظیم تمام قیصر [3]) P. بآنجا [4]) B. بمصادقت [5]) Id. add. ومصاهرت

شده [1]) دختر قیصررا در سلک ازدواج پسر سلطان که ملکشاه ارسلان نام داشت آوردند وچون عقد نکاح منعقد گشت در وجواهر نثار کردند بعد ازان بموجب فرمان مجلس عیش ترتیب دادند [2]) وسلطان الپ ارسلان پرتو التفات بر حال [3]) قیصر انداخته اورا وبطارقهٔ اورا [4]) بعواطف خسروانه ممتاز گردانید وهریکرا خلعت گرانمایه داد وچون از مراسم طوی فراغت یافت [5]) رخصت فرمود تا قیصر وارکان دولت او بمواطن خویش مراجعت نمایند [6]) ومنشیان دیوان اعلی بموجب فرمان عالم مطیع فتح نامها باطراف واکناف بلاد وامصار روان گردانیدند وسلطان از غنایم روم پیشکشها وتنسوقات لایق بدار الخلافه فرستاد وبعد ازین فتح مبین سلطان ممالکرا بر اولاد خود قسمت فرمود وآنچه از لشکرگاهی رومیان گرفته بودند بر لشکریان تقسیم یافت [7]) ودر بعضی از تواریخ مسطورست که دران زمان که [8]) سلطان الپ ارسلان وحاکم روم در برابر هم نشسته بودند وسخن [9]) مصالحه در میان آمد درین [10]) اثنا سلطان با معدودی چند

---

[1]) P. شد [2]) Id. کردند [3]) B. احوال [4]) Id. او
[5]) B. روی نمود [6]) P. کردند [7]) Id. قسمت کردند
[8]) P. om. verba دران زمان که [9]) Id. سخن [10]) Id. ودرین

بشکار رفته در دام رومیان افتاده شخصی از آنمیان گریخته خبر این واقعهرا معروض خواجه نظام الملک طوسی گردانید. وزیر صایب تدبیر آن شخصرا سپرده نماز شام فوجی از سواران ترا کمهرا ¹) که بایشان اعتماد تمام ²) داشت فرمود تا بتعجیل تمام باردو در آمده در بارگاه سلطان نزول کردند وخواجه آوازه در انداخت که سلطان در بارگاه نزول کرد ³) وچون روز دیگر شد ⁴) خواجه با جمعی ببارگاه قیصر در آمده امر مصالحهرا باتمام رسانید ⁵) وبعد از صلح قیصر با وزیر گفت که دی روز طایفهٔ از جندیان شما بدست سپاه ما گرفتار شده اند خواجه جواب داد که همانا ⁶) مجهولی چند بوده باشند زیراکه این خبر در اردوی ما نبود چون سلطانرا با گرفتاران دیگر بپایهٔ سریر قیصر آوردند که بوزیر سپارند خواجه با سلطان وآن جمع ⁷) سخنان درشت گفت وبعد ازان قیصر اسیرانرا بوزیر سپرده خواجه مغضی الوطر از اردوی قیصر بیرون آمد وچون مسافتی قطع کردند خواجه از اسب فرود آمد ورکاب پادشاه

---

¹) B. از سوارانرا ²) P. om. تمام ³) B. از سلطان ⁴) Id. om. شد ⁵) P. شکارگاه مراجعت فرمود رسانیده ⁶) Id. داد مگر ⁷) B. وانجمن

ببوسید ومعروض داشت که آنچه در حضور قیصر سلطانرا بخطاب عنیف مخاطب ساختم بنابر مصلحت وقت بود وچون رومیان که جهت تاکید مبانی [1] مصالحه متوجه اردوی همایون بودند این صورت مشاهده کردند دانستند که صورت [2] حال بر چه منوال بوده ازین جهت تاسفها خورده مضمون این مقال بر خواطر ایشان گذشت که النعمة مجهولة ما دامت محصولة فاذا فقدت عرفت [3] بیت [4]

مدتی جام جم بدست تو بود
چون تو نشناختی کسی چه کند

وچون سلطان بلشکرگاه رسید بتجهیز وتعبیهٔ لشکر مشغول گشته در برابر قیصر آمده صف آرای گشت وقیصر نیز از سر استظهار [5] تمام روی بمحاربه نهاد وبعد از کوشش وکشش بسیار بدست غلامی رومی گرفتار گشت واز غرایب اتفاقات آنکه در وقت عرض لشکر وثبت اسامی لشکریان در دفاتر عارض از غایت حقارت جثهٔ آن غلام از نوشتن نام او اعراض نمود وسلطان با سعد الدوله شحنه علی اختلاف الروایتین

---

[1]) P. om. مبانی [2]) In eod. cod. deest صورت
[3]) B. عرف et in utroque codice فقدة false. [4]) Metr. خفیف [5]) B. نیز باستظهار

با عارض گفت که نام این غلام بنویس چه میشاید
که قیصر در دست او اسیر گردد وعاقبت فالی که آن
دولتمند زده بود همان شد راقم حروف گوید که
صاحب تاریخ گزیده‌را عقیدت آنست که سلطان
ملکشاه در شکارگاه بدست رومیان گرفتار شده
نظام الملک بحسن تدبیر اورا ازان بلیه خلاص داد
تقریر این قضیه در وقایع سلطان ملکشاه از مساعدت
وقت مامولست چون الپ ارسلان بر قیصر غالب
آمد آنچه از خزاین ودفاین بنی الاصغر از جواهر
رافشه وامتعهٔ [1]) نفیسه بدست او افتاد بقلعهٔ ری
فرستاده [2]) والی آن ولایت‌را که مقدم الجیش احمد
میگفتند بمحافظت آنها ومطاوعت سلطان ملکشاه
که ولی عهد بود وصیت فرمود وبعد ازان پرتو التفات
بر احوال نظام الملک ابو علی بن حسن [3]) بن اسحق
انداخته روز بروز در ازدیاد تعظیم [4]) وتکریم او
میکوشید تا بلقب اتابک واتا خواجه که دران زمان
امثال این القاب تعلق بامرا میداشت ملقب گردانیدش
چون سلطان از غزو رومیان [5]) پرداخته از جنگ‌گاه

---

[1]) P. om. وامتعهٔ male. [2]) Verba بقلعهٔ ری فرستاده idem male omittit. [3]) P. علی حسن [4]) Id. وتعظیم male. [5]) B. add. باز

مراجعت نمود رسل ورسایل ملوك اطراف که مشتمل بر تواضع وحسن وفاق وتاکید میثاق بود متعاقب ومتواتر بپایهٔ سریر سلطنت مصیر آمدن گرفت [1] واجوبهٔ آنها بخواجه نظام الملك حواله رفت چون ایلچیان سلاطین آفاق رخصت انصراف یافتند سلطان از همدان [2] عنان عزیمت بجانب اصفهان منعطف گردانید وبعد از دو روز بطرف کرمان که قاورد [3] برادرش والی آن دیار بود روان شد چون بنواحی برهسیر رسید ایلچی ملك قاورد آمده [4] عرضه داشت که مشار الیه در مقام وفاق متابعتست واصلا شایبهٔ مخالفت در خاطر ندارد ومیگوید که نسبت ولایت کرمان بممالك سلطان چون نسبت رشحهٔ است بعمان وهرگاه که بحر احسان آنحضرت در تموج می

---

[1]) B. مصیر آمدشد نمودند [2]) Id. همدان [3]) P. قاورد B. قاورد Lectio dubia, quum litterarum ر—د et و figurae, scriptura تعلیق expressae, sint simillimae et ad distinguendum difficillimae. Igitur idem nomen et قاورد legi potest, quod recepi consentiente Herbelot. in *Biblioth. Orient.* t. I p. 444. s. v. *Caderd*, quem secutus est Desguignes. In Abulfedae Annal. Muslem. legitur قاروت vid. tom. III p. 226. [4]) B. در آمده

آید صد [1] مثل این خطهرا بادنی مملوک [2] می بخشد ومن برادر که بحقیقت یکی از بندگان سلطانم از غایت غیبت آنحضرت نمی توانم که بخدمت آیم اگر عنان عزیمت شهریاری [3] بجانب دیگر منعطف گردد [4] واین گوشهرا [5] به این بنده ارزانی دارد تحف وهدایا فرستم وفرزند قرة العین خودرا ملازم رکاب عالی سلطان سازم [6] الپ ارسلان چون معانیر دلپذیر از رسول برادر شنید اورا بعواطف ومواعید پادشاهانه مطمئن وخوشدل ساخت وگفت ما این مملکترا بتجدید بغادر ارزانی داشتیم واحتیاجی بهدیه وپیشکش وی نداریم مقصود از توجه باینجانب [7] امتحان وتجربهء آن [8] برادر بود اکنون باید که او [9] بسخن جهال واهل ضلال عمل نکند وبر جادهء وفا ومتابعت [10] مستقیم باشد تا ثمرهء آن در دنیا وعقبی بروزگار فرخنده آثارش واصل ومتواصل گردد وایلچیرا مقضی الوطر باز گردانیده خود بجانب بیابان روان شد چون مرحلهء

---

1) **P. om.** صد 2) **Id.** خطه بمملوکی 3) **P. om.** شهریاری 4) **Id.** کردانم **male.** 5) **P.** مملکت 6) **Id.** کردانم سلطان **deest in cod. P.** 7) **B.** این جانب 8) **Id. om.** آن 9) او 10) **B.** ومطاوعت

چند قطع کردند خوردنی روی در کمی نهاد وآب وعلف ناپیدا شد ولشکریان در تحیر وتفکر [1] افتادند وامرا واعیان دولت [2] از قلت آب وطعام شکایت پیش خواجه نظام الملک بردند وخواجه این [3] حکایت معروض سلطان گردانید پادشاه در جواب [4] فرمود که همیشه اعتماد من بر عنایت ومرحمت ملک وهاب بوده نه بر نان [5] وآب وهرگاه که وثوق [6] بر عنایت آلهی باشد از جدوبت ارض وانقطاع غیث باکی نباشد وسلطان امثال این کلمات بر زبان مبارک آورده معارف لشکر ووجوه حشم را امیدواری روی نمود وچون اندک مسافتی قطع کردند بقلعهٔ خراب رسیدند که ماوای سباع وکلاب [7] وابن آوی ونیاب بود ودر آنجا خانهای مملو از کاه وجو یافتند واین معنی را بر کرامت سلطان حمل کرده آنرا میان خود قسمت فرموده خاطر لشکریان از علیق چهارپایان جمع گشت اما از بی‌آبی در زحمت بودند وسلطان از آنجا بر سبیل تعجیل روان شده شب همه شب قطع مغاوز می فرمود [8] وچون صبح دمیدن آغاز نهاد دران بیابان فرود آمد [9] ودر

---

1) B. om. وتفکر 2) دولت deest in cod. P. 3) P. add. من 4) B. om. در جواب 5) Id. بنان 6) P. om. خواجه واین 7) Id. om. وکلاب 8) B. منازل فرمود 9) P.

سراپردهٔ خویش سر برهنه کرده دست بدعا بر داشته بتضرع تمام مسالت [1]) نمود تا واهب بیمنت از بحر کرم [2]) لشکر اسلامرا [3]) سیراب کرداند ودعای وی بعز اجابت اقتران یافته [4]) بارانی عظیم بارید وسپاه شاداب کشته این صورت موجب [5]) مزید حسن اعتقاد ایشان شد وسلطان بعد از قطع منازل بنواحی طبس رسیده والی آن ولایت با پیشکشهای لایق باستقبال شتافته منظور نظر عنایت وعاطفت کشت وسلطان از طبس عنان عزیمت بطرف نشابور که دار الملك ومقر عز حشمت [6]) او بود معطوف ساخت واعیان واشراف آن دیار چون از قدوم او خبر یافتند ساوری وپیشکش [7]) مرتب ساخته به اردوی همایونش [8]) شتافتند وشرف پایبوس حاصل کرده سر افتخار ومباهات باوج

---

[1]) B. مسئلت [2]) Id. موهبت [3]) P. اسلام [4]) Id. آمدند [5]) B. om. موجب [6]) P. وحشمت [7]) P. پذیرفته ساوری پیشکش. Voc. ساوری lexica non exhibent. Videtur esse substant. comp. ex ساو *tributum* et particula postpositiva ور quae respondet arabico ذو et contractum ex ساووری significans *donum tributarium*. Bene voc. ساو exponit auctor lexici برهان قاطع verbis: بمعنی باج وخراج است وآن زری باشد که پادشاهان قوی از پادشاهان ضعیف بگیرند [8]) B. om. همایونش

سماوات افراختند [1] وسلطان هفت کشور با حشمت وعظمت هرچه تمامتر فی ایمن وقت واشرف ساعت در شهر نزول اجلال فرموده بساط عدل واحسان گسترد در خلال این احوال خبر متواتر شد که رسولی که قبل ازین متوجه سمرقند شده بود تا دختر خاقان اعظمرا خطبه کرده در سلک ازدواج سلطان ملکشاه کشد با مهد همایون از جیحون عبور نموده متوجه نشابورست بنابرین سلطان فرمود تا شهررا آئین بستند ومهد علیا بحشمت وعظمت [2] لا تعد ولا تحصی بشهر در آمد چنانچه در پیش محفه هزار مملوک ترک وهزار مملوکیه [3] ترکیه که لایق خدمت پادشاهان باشند میرفتند وهریک ازان ظرایف ترکستان تحفه [4] در دست داشتند وبهر [5] کوی ومحله که می [6] گذشتند مشک وعود وعنبر وکافور نثار می کردند ودران انجمن رضوان از جنون [7] وحور از قصور بتفرج حاضر آمد [8] وبعد از زفاف صلات وصدقات بمستحقان رسانیدند بمرتبهٔ که در نیشابور [9] از فقر واحتیاج نشان نماند

---

[1]) P. بر افراشتند [2]) Id. واسباب عظمت [3]) B. مملوک [4]) Id. om. تحفه [5]) B. بر هر [6]) P. om. می h. l. et ante کردند proxime sequens. [7]) P. جنان [8]) B. شدند [9]) Id. در خراسان ونیشابور

وچون سلطان الپ ارسلان بر اکثر معمورهٔ عالم نافذ فرمان گشت سلطان ملکشاهرا ولی عهد خویش [1] گردانیده بر مملکت فارس واصفهان [2] حاکم ساخت وحکومت مرو وخوارزمرا بپسر دیگر که داماد مودود بن مسعود بن محمود بود تفویض فرمود وچون پیغو عم چغربگ [3] در هرات معاش ناپسندیده میکرد رعایا ازوی شکایت [4] بسلطان بردند وسلطان اورا ازان مهم [5] معاف داشته هراترا بپسر دیگر خویش طغانشاه داد ونشابور وری ودار السلم بغداد رقم اختصاص کشیده حکومت بلخرا بقرة العین دیگر خود تفویض نمود ☼

فصل ۸

ذکر رفتن سلطان الپ ارسلان بمرو وتوجهٔ او ازانجا بجانب خوارزم ومراجعت او [6] ازان سرزمین در کمال حشمت وتمکین

سلطان الپ ارسلان چون از طوی ولی عهد خود ملکشاه باز پرداخت بابنای [7] قلعهٔ استوار بنواحی

---

[1]) B. om. خویش [2]) Id. واصفهانش [3]) B. طغرلبگ
[4]) B. inverso ordine شکایت ازوی [5]) Id. om. مهم
[6]) Verba quae sequuntur om. cod. P. [7]) Id. به بنای

شادیاخ فرمان داد وآن قلعه را بنفایس امتعه وذخایر وافره مشحون گردانیده فرمود که لشکریان بتجهیز سفر مرو قیام نمایند واز شجاعان وفارسان [1] سیصد هزار سوار [2] جرار در رکاب او روان شدند [3] وبعد از طی منازل دران ولایت نزول اجلال فرموده بزیارت قبر پدر خویش چغربگ شتافت ودست بذل [4] واحسان گشاده صغیر وکبیر وغنی وفقیر وآینده وروندهرا محظوظ وبهرهمند گردانید درین اثنا بمسامع علیه رسید که حاکم خوزستان ملک هزار اسب متوجه درگاه عالم پناه است چون نزدیک رسید سلطان جهان [5] خواجه نظام الملکرا با سایر اعیان وارکان [6] دولت به استقبال او فرستاد تا ملک هزار اسبرا بتعظیم واجلال بپایهٔ [7] سریر اعلی آورند. وچون شرف دستبوس حاصل کرد دهشت وی گم گشت وزبان بعذر تقصیری که مشتمل بود [8] بر تاخیر ملازمت گشاده سلطان اورا بنوازش پادشاهانه اختصاص داده فرمود که یورش [9] خوارزم در پیش داریم توقع

---

1) P. شجعان فرسان 2) Id. add. نامدار 3) P. شد 4) B. ببذل 5) Id. om. جهان 6) B. سایر ارکان 7) P. بپای 8) Id. om. بود 9) یورش est nomen actionis verbi turcici یورمک *incedere* et h. l. significat

آنکه ملک درین سفر مرافقت نماید وملک بر قبول آن بر خود منت نهاده سلطان فرمان داد تا لشکریان منقسم بسه قسم شده هریک براهی [1] روی بخوارزم نهد [2] چون آوازهٔ حرکت او از مرو بسمع قغقور رسید خوف ورعب [3] بر ضمیرش استیلا یافته ایلچی فرستاد وپیغام داد که. بیت

بر همان عهد ووفاییم [4] که بستیم بدوست
دوست هر شیوه که دارد نشود عهد دگر

اکنون اگر سلطانرا میل این صوبست خاصم خودرا اعلام فرماید تا بلاد واطلالرا [5] آئین بسته بترتیب پیشکش وساوری قیام نماید سلطان در جواب فرمود که وحشت وبیگانگی که پیش ازین در [6] میان ما وقغقور بود [7] بیگانگی مبدل شده باید که خاطر جمع دارد که رایات نصرت آیات متوجه خوارزم وآن

نهند i. q. arab. غزو *expeditio.* [1]) B. از راهی [2]) Id. [3]) B. add. تمام [4]) In utroque cod. ووفاییم false et contra metrum رمل quo versus sunt conscripti. [5]) Quid sit اطلال copiose explicavimus ad Tarafae Moallacam vs. I. p. 33. Oppositum voci بلاد significare videtur *domos non amplius habitatas, loca ab incolis deserta.* [6]) P. om. در [7]) Id. بوده

نواحیست تا ققشت وجازع وبعضی [1]) دیگر از اعادی گوشمالی [2]) یابند وایلچی خوشدل باز گشته این خبر فرح افزای را بسمع فغفور رسانید وسلطان در عاشر محرم سنه ثمان وخمسین واربعمایه بشهر خوارزم در آمده بر سریر سلطنت نشست وبعد از چند روز سلطان ملکشاه را با خواجه نظام الملک وملک خوزستان وطایفهٔ از اعیان امرا دران دیار گذاشته بنفس شریف با جمعی [3]) از ابطال رجال متوجه دشمنان شد [4]) وخواجه از عقب سلطان شتافته التماس نمود که ملازم رکاب عالی باشد وملتمس او مبذول افتاده روی در بیابان نهادند ودرین اثنا قراولان سواری را دیدند که بتعجیل می آمد چون اورا گرفته استکشاف کردند معلوم شد که جاسوسیست که خودرا در ورطهٔ هلاک انداخته لا جرم اورا مضبوط ساخته نزد سلطان بردند سلطان [5]) فرمان داد تا سر جاسوس را از [6]) بدن جدا کنند جاسوس گفت که اگر از سطوت سلطان امان یابم مُخْرِجی [7]) شوم تا

---

[1]) P. تا بعضی [2]) B. گوشمال [3]) Id. شریف وجمعی
[4]) P. om. شد male. [5]) Id. om. سلطان [6]) P. جاسوس
[7]) Sic scripsi pro mendoso بمخرجی utriusque cod., optime enim in sensum quadrat notio formae IV از مرکب

لشکررا بیخبر بمقر جارع رسانم وسلطان خون جاسوس [1] بخشیده قصد آن کرد که بر جارع شبیخون برد واز غرایب حالات آنکه جوانی بود ملازم رکاب عالی سلطان که جارع پدر وی‌را کشته بود وسلطان با وی وعده فرموده که اگر بر جارع ظفر یابم بانتقام خون پدر تو سرش‌را از بدن بر دارم وپیش از وصول لشکر بیورت جارع جوان تعجیل نموده متوجه آن صوب گشت وشبی نزدیک بخرگاه پدر قاتل [2] رسیده باعلی صوت خویش ندا کرد که ای جارع کسی آمد که خون پدر مرا از تو طلب دارد وجارع بهنجار آواز تیری انداخته بر مقتل جوان آمد مقارن این حال جارع با سی هزار سوار که از اطراف ولایت فراهم آورده بود مستعد حرب گشت وسلطان ایلغار فرموده با سی سوار بکنار اردوی جارع رسید ونیران محاربه افروخته شده جارع منهزم گشت درین حین لشکر ظفر قرین [3] در رسیده وتیغ انتقام از نیام بر کشیده قتلی بافراط کردند وبعد ازین [4] فتح سلطان ایلچی

---

verbi حَرَبَ *monstrata via* alium *duxit*, seu *indicavit illi viam ad spoliandum hostem*. Dicit: *itineris ducem me afferam* etc. [1]) P. جاسوس‌را [2]) B. om. قاتل [3]) B. ظفر پیکار [4]) P. ازان

فرستاده قفشترا طلب داشت وقفشت مقدم رسولرا باکرام واعزاز تلقی نموده در مقام اطاعت[1] ومتابعت وخضوع وخشوع آمد وچون رسول خشنود باز گشته صورت حال بعرض سلطان رسانید سلطان از سر جریمهٔ قفشت در[2] گذشته دست تعرض از ولایت او کوتاه کرد وعنان عزیمت بجانب خوارزم منعطف ساخته ملک[3] اهواز وخوزستان با امرا واعیان رسم استقبال بجای آوردند وبدولت پاییوس استسعاد یافتند وسلطان بخوارزم در آمده بعد از چند روز ملک هزار اسبرا بعواطف خسروانه وعوارف پادشاهانه مبتهج وسر افراز ساخته طبل وعلم داد واز جملهٔ چیزها که به او بخشید هزار اسب بود وپنجه هزار گوسفند واورا بجانب خوزستان گسیل فرموده مشار الیه رطب اللسان باز گشت وسلطان در اوان شتا واشتداد برد وسرما عزیمت جند فرمود والی آنجا از توجهٔ رایت نصرت آیات[4] خبر یافته عظیم اندیشناک شد وبعد از تقدیم مشورت والدهٔ خودرا از راه شفاعت وضراعت با تحف گرانمایه وهدایای گرامند از ثیاب[5]

---

[1]) B. طاعت [2]) P. om. در [3]) B. om. ملک male.
[4]) P. آیت [5]) Scripsi ثیاب pro mendoso ثباب cod. B. et ثبات cod. P.

معلمه وخیول مسومه وقندز بلغاری وغلمان تتاری
بازبوی شهریار جهان¹) فرستاد وآن ضعیفه بپایهٔ
سریر سلطنت مصیر رسیده وپای سلطانرا بوسیده
رسم تخشع وتشفع بجای آورد وپادشاه جهانبخش
گیتی ستان شفاعت اورا قبول فرموده مملکترا²)
به پسرش ارزانی داشت واز جیحون عبور نموده
حکومت خوارزمرا بقرة العین خویش ارسلانشاه مفوض
گردانید چون بکات رسید پرتو التفات بر خرابهای
آن دیار انداخته همهرا بحال عمارت باز آورد ودر
آنموضع مسجدی جامع بس عظیم بنیاد³) نهاد
وازانجا روان شده بعد از قطع منازل ومراحل⁴) در
هفتم جمادی الآخر سنهٔ مذکوره بمرو رسید ورسل
ورسایل از جوانب واطراف من غیر خلاف متواتر
ومتعاقب شد از آنجمله یکی رسول حاکم غزنین
بود ودیگری ایلچی خاقان از بلاد توران وایشان بعد
از عرض پیشکشهای لایق بخلعت وتشریف مبتهج
ومسرور گشتند وبعد از اجلزت انصراف ایلچیان
سلطان بشرف⁵) زیارت والد⁶) خود قیام نموده عازم
طوس شد وبعد از طی منازل به آن دیار با انوار

¹) P. om. جهان ²) Id. مملکت ³) B. بنا ⁴) Id.
ومغاوز ⁵) P. بشرط ⁶) B. om. والد male.

رسیده بر طواف مشهد مقدس امام علی بن موسی الرضی علیه السلام [1]) اقدام نمود وازانجا بجانب رادکان شتافت ودر آنموضع نزه [2]) ومکان طیب که نمونهٔ از خلد برین بود رحل اقامت انداخته مسرعان بآنجا واطراف ولایت فرستاده باحضار لشکرها فرمان داد وچون خلایق در ظل رایت فتح آیت مجتمع گشتند فرمود تا سریری از ذهب که مشتمل بود بر اصناف جواهر [3]) منصوب ساختند وسلطان ملکشاهرا بصعود بران امر کرد وبموجب فرمان واجب الاذعان بار دیگر اشراف واعیان بتجدید وتاکید پیمان ملکشاه مبادرت نمودند آنگاه قامت قابلیت اورا بخلعت سفید [4]) بیاراست وگوش هوش [5]) وی را به درر نصایح ومواعظ گرانبار گردانیده هرکسرا بقدر مرتبهٔ او [6]) بنوازش وبخشش خوشدل ساخت وبعد از فراغ ازین مهم در نصف شعبان سنه ثمان وخمسین واربعمایه عزیمت نشابور فرمود ودران سرزمین بساط عدل واحسان بگسترد ودر خلال این احوال ملوک وگردنکشان آفاق مثل صاحب دیار ربیعه وحاکم

---

1) علیه السلام deest in cod. P. 2) B. تنزهٔ 3) Id. add. تخت 4) P. سنبه 5) In utroque cod. وهوش male. 6) P. اورا

دیار بکر ووالی حلب وفرمان فرمای بحرین وغیرهم که تعداد [1] اسامی ایشان طولی دارد روی به نیشابور نهاده بر درگاه فلک اشتباه مجتمع گشتند وچون ماه رمضان در آمد هر شب ملوک جهان وخلفای زمان [2] بر سر مایدهٔ سلطان حاضر میشدند وچون هلال شوال روی نمود سلطان در صفهٔ بار بر تخت نشسته هزار ودویست نفر از اصحاب ولایات وارباب حکم وفرمان پیش تخت او بر پای استادند آنگاه با عظمت هرچه تمامتر بمصلی رفته نماز عید بگزارد وازانجا بسرای سلطنت معاودت نموده دست احسان وکرم بکشاد وحکام ممالک محروسه وخواص ومقربان خوسرا کان [3] یسار وبحر استظهار گردانید اگر خامهٔ مشکین عامه بتحریر جمیع [4] حالات وغزوات الپ ارسلان بپردازد موجب سآمت [5] وملالت مستمعان گردد لا جرم رقم تخفیف بر بقیهٔ قضایای آن سلطان سعید شهید کشیده [6] بر تحریر کیفیهٔ شهادت او اختصار [7] می نماید ❁

---

[1] P. om. تعداد [2] Id. دوران وخلفای جهان
[3] B. خوسرا گارپنر [4] P. om. جمیع [5] B. شامت
[6] P. سعید کشید [7] B. اقتصار

فصل ۹

ذکر انتهاء کار سلطان الپ ارسلان

در تواریخ آل سلجوق مسطورست که سلطان در آواخر ایام دولت خویش بمحاربهٔ حاکم ما وراء النهر رفت چون از جیحون بگذشت طایفهٔ از غلامان او[1] بقلعه که بر کنار آب بود شبیخون بردند وکوتوال قلعهرا[2] که یوسف نام داشت اسیر کرده به اردوی همایون آوردند وسلطان باحضار آن متمرد فرمان داده استکشاف احوال بنیاد نهاد[3] ویوسف از کمال دهشت وحیرت کلمات پریشان آغاز کرد وسلطان ازین معنی بغضب رفته فرمود تا اورا از مجلس بیرون برده بسیاست رسانند یوسف دست از جان که متاعی بس عزیز ونفیس است شست وکاردی از ساق موزه بر[4] کشیده بقصد سلطان روان شد هرچند استادگان درگاه وملازمان بارگاه[5] خواستند که یوسفرا گرفته بکشش اجل سپارند سلطان مانع آمده دشمنرا حقیر انگاشت وچون تیر وی پیوسته بر هدف مطلوب

---

[1]) B. غلامانرا false. [2]) P. آنجا [3]) B. احوال [4]) Id. om. بر [5]) وملازمان بارگاه deest in cod. B. فرمود

آمدی [1] هرگز خطا نشده بود صواب چنان دید که اورا بدست خود هلاک سازد بنابرین تیری از کمان کین کشاد تا بران دشمن ملک ودین زند اتفاقا خطا شد ویوسف فرصت یافته پیش تخت رسید وآن عزیز مصیر سلطنترا [2] بدرجهٔ شهادت رسانید   بیت [3]

آن مصیر معدلت که تو دیدی خراب شد
وآن نیل مکرمت که شنیدی سراب شد

خاص وعام [4] از حرکت یوسف چون یعقوب مکروب [5] قرین اسف وحزن [6] وهمنشین ضجرت ومحن شدند ودران حالت دو هزار غلام کمر بسته در خدمت سلطان دست ادب پیش گرفته بر پای [7] ایستاده بودند وچون مصیبت چنین هولناک دست داد هریک بگوشهٔ گریخته مجال قصاص نیافتند ویوسف کوتوال بکام دل رسیده گامی چند بگذارد تا ازان مهلکه جان بیرون برد که ناگاه جامع نیشابوری که مهتر فراشان سلطان شهید بود از عقبش در آمده بمیخ کوبی [8] سر اورا چنان کوفت که مغزش پریشان شد ناصبان اعلام علوم تواریخ [9] آورده اند که دران ایام که سلطان

---

1) B. آمده 2) P. om. را 3) Metr. مدید 4) P. وعوام 5) B. مکروت mendose. 6) Id. وخزین mendose. 7) P. گرفته در خدمت بپای 8) Id. کوب 9) B. تاریخ

ملکشاه در بغداد بود یکی از غلامان خاص خلیفه[1] پسر آن جامع فراش بقتل آورده پناه بدار الخلافه برد وجامع چون از انتقام عاجز گشت برسم داد خواهان عنان مرکب[2] ملکشاه گرفته فغان بر آورد که حق خدمتکاران قدیم فراموش مکن وبا کشندهٔ پسر من همان کن که من با قاتل پدر تو کردم وسلطان ملکشاه بر فور امیر حاجبرا فرستاد تا غلام مجرمرا از حرم خلیفه بیرون آورده بخصم سپارد چون این خبر بخلیفه رسید جامعرا طلب داشته با او گفت بیت[3]

بکین جستن مردهٔ ناپدید
سر زندگانرا نباید برید

وازوی التماس نمود که ده هزار دینار بستاند وآب روی خلافت نگاه داشته از غلام عفو فرماید وجامع از علو همت وکمال غیرت سخن خلیفهرا رد کرده زیر قبول نکرد وبمقتضای شریعت غرا که ولکم فی القصاص حیوة یا اولی الالباب کشندهٔ پسر خودرا بقتل آورد گویند که سلطان الپ ارسلان در شب جمعهٔ ثانی محرم سنه احدی وعشرین واربعمایه

---

[1]) B. om. غلامان خاص خلیفه [2]) P. سلطان pro مرکب. [3]) Metr. متقارب

متولد شد ودر سنه خمس وستین شهادت یافت مدت
حکومتش به نیابت واستقلال دوازده سال بود ودو
سال وکسری در خراسان نایب عم خویش طغرلبگ بود ❁

فصل ۱۰

ذکر سلطنت قسیم امیر المومنین سلطان جلال الدوله معز الدین ملکشاه

که کرد دولت ودین‌را[1] بتیغ معماری

پادشاهی کامران وشهریاری کامیاب بود از سلاطین روزگار
بمزید فر وشکوه وتوفیق[2] کردگار امتیاز داشت تیغ
آبدار آتش بارش مشرب عذب[3] مملکت‌را از خاشاک
عصیان وطغیان صافی گردانیده[4] در اطراف بلاد
محروسه بعمارت بقاع خیر وابواب بر[5] فرمان داد
مجمل حال او آنکه بعد از فوت پدر بسعی خواجه
نظام الملک طوسی بر سریر ایالت متمکن گشت بیت

هر دبیر وشاعر ومغنی[6] که او طوسی بود
چون نظام الملک وغزالی وفردوسی بود

گویند که سلطان ملکشاه در بدایت دولت از اقلیم
خراسان با لشکر گران متوجه عراق شد وعمش قاورد

---

1) P. ملت دین را Metr. مجتث 2) B. بمزید توفیق 3) Id. شرق وغرب 4) P. گردانید 5) B. البر 6) P. وعالم Metr. رمل

بن چغربگ با سپاهی گران که عدد ایشان در کارخانهٔ [1] خیال نمیگنجید بیت

همه سپر تن وشمشیر دست وتیر انگشت

همه سپه [2] شکن وديوبند وشير شكار

از دار الملك كرمان بيرون آمده روى بوى نهاد ودر حدود کرخ فریقینرا اتفاق ملاقات افتاد وسه شبانروز مبارزان در میدان قتال وصف جدال آمده [3] کمان مخالفت در دست گرفتند وجان نازنینرا هدف تیر بلا ساخته لحظهٔ آرام نگرفتند عاقبت قاورد در پنجهٔ تقدیر اسیر ودستگیر گشت امرا واعیان ملك چون دشمنی چنان زبردسترا بسرحد هلاك رسانیده بودند [4] با خواجه نظام الملك در تزايد علوفه ومرسومات سخن کرده [5] گفتند که اگر سلطان مزید اقطاعات وتضاعف انعامات ما اهمال واغفال روا دارد سعادت قاورد باد خواجه آن طایفهرا تسکین داد وفرمود که ملتمس شما امشب [6] بعرض سلطان رسانم تا چه فرماید وچون سلطان بر مدعاء امرا واقف شد در همانشب قاورد مسموم گشت بامداد که امرا بتقاضا نزد خواجه نظام الملك آمدند [7] خواجه فرمود که

[1]) B. عدد [2]) P. سپر. Metr. مضارع [3]) B. om. آمده
[4]) Id. بود [5]) P. om. کرده [6]) B. شمارا شب [7]) Id. رفتند

دوش سلطان از فراق عم خويش که در حبس زهر
از نگين مکيده مرده است محزون وپريشان خاطر
بود ازين سبب در عرض سخن شما تاخير واقع شد
معذور فرماييد امرا از خوف دم در کشيده ديگر ازان
باب هيچ نگفتند ودر بدايت دولت سلطان [1] ملکشاه
برادرش عصيان ورزيده در نشابور متحصن شد
وسلطان اورا بعد از محاصره بدست آورده ميل کشيد
ودر سنه احدى وسبعين واربعمايه عزيمت سمرقند
نموده سليمان خانرا حصار داد وبعد از چند روز
خانرا دستگير کرده پياده پيش جنيبت او کشيدند [2]
تا خاک ببوسيد وسلطان از سر خون او در گذشت
اما مغيدش ساخته باصفهان [3] فرستاد مشهورست که
در وقت مراجعت از ما وراء النهر نظام الملک اجرت
ملاحان جيحونرا بر مال انطاکيهٔ شام نوشت وملاحان
استغاثه ببارگاه گردون اشتباه ملکشاه بردند سلطان
از وزير پرسيد که حکمت درين باب [4] چيست وزير
جواب داد که تا بعد از ما [5] بسالهاى دراز از فسحت
ملک سلطان باز گويند وسلطانرا اين معنى بغايت

---

[1]) B. om. سلطان [2]) P. کشيده [3]) Id. در گذشته
که بعد [4]) P. om. باب [5]) Idem مغيدش باصفهان
از ماه

پسندیده آمده خواجه فرمود تا برات اجرت ایشانرا [1] بزر نقد خریدند سلطان ملکشاه بر سیر وصید ولوع وشرهی تمام داشت چنانچه در ایام دولت خویش دو نوبت گرد مملکت بر آمده از انطاکیه تا اردوجند [2] که نهایت مملکت او بود رفت وبر هر شهری وولایتی حاکمی [3] عادل گماشت ورسوم محدثه وقواعد مذمومرا بر انداخت ودر زمان او هیچ متهوریرا حد آن نبود که بر فقیری وضعیفی [4] حیف کند وبر [5] راه حج دست خیرات ومبرات [6] کشاده مصانع [7] وآبار ورباط بنیاد نهاده آن بدعت سیئهرا که از [8] هر حاجی در طریق مکه هفت دینار سرخ میستاندند رفع فرمود وامیر حرمینرا اقطاع کرامند داد حمد الله مستوفی در تاریخ گزیده آورده است که در نوبت دوم که سلطان ملکشاه بمطالعهٔ

---

[1]) P. ایشان [2]) B. باردوجند P. تا ارجند Est nomen antiquum urbis قاشغار quod Abulfeda اردوکند scribit. Vid. *Chorasmiae et Mavaralnahrae descriptio ex tabulis Abulfedae* ed. Gravii s. v. et Herbelot. *Bibl. Orient.* s. v. Caschgar. [3]) P. شهر وولایتی حاکم [4]) P. om. وضعیفی [5]) Id. ودر [6]) P. om. ومبرات [7]) B. مسامع mendose. [8]) Id. در

ولایت اشتغال نموده از بحر خزر [1] تا حدود یمن در نظر می آورد قیصر روم مخالفت کرده سلطان بجنگ او متوجه شد دران اثنا روزی با اندک نفری از غلامان بشکار رفته ناگاه بدست رومیان افتاد سلطان با غلامان گفت که مرا تواضع مکنید ویکی از خود شمارید که اگر رومیان دانند که من کیستم زنده نگذارند چون نظام الملک ازین معنی آگاه شد شبهنگام غلامی چند بمنزل سلطان فرود آورده آوازه در [2] انداخت که سلطان نزول فرمود وشبگیر کرده [3] برسم رسل پیش قیصر رفت قیصر ازو صلح طلبید ونظام الملک بمصالحه راضی شده [4] قیصر گفت جمعی از لشکریان شما بدست مردم ما گرفتار شده اند نظام الملک گفت مگر مجهولی چند باشند چه در اردوی ما ازین قضیه خبری نبود وقیصر ایشانرا به او سپرده [5] خواجه سلطان وغلامانرا در مجلس قیصر سخنان درشت گفته روان شد چون از اردوی قیصر بیرون آمد [6] خودرا از اسب در انداخته رکاب سلطان ببوسید وعذر خواهی نموده

---

[1]) B. خضر P. حزر mendose. [2]) B. om. در [3]) In cod. P. deest کرده [4]) P. شد [5]) Id. سپرد [6]) P. آمده

گفت اگر تندی نمیکردم [1] خلاصی روی ننمودی سلطان اورا نوازش فرموده منتها داشت وچون سلطان بلشکر خود رسید [2] با قیصر جنگ کرده وغالب گشته قیصررا گرفته [3] پیش سلطان آوردند قیصر پادشاه شناخته گفت اگر پادشاهی ببخش واگر بازرگانی بفروش واگر قصابی بکش سلطان گفت پادشاهم نه بازرگان ونه قصاب آنگاه اورا امان داده گفت بجهت آن با تو محاربه کردم که قوت وقدرت من وعجز خویش مشاهده کنی وبمجرد گرفتاری من مغرور نگردی واورا بملک روم فرستاده بانواع عواطف ومراحم پادشاهانه اختصاص داد وقیصر بعد از چند روز [4] در گذشته سلطان بعد از فوت او آن مرزوبوم بسلیمان بن قتلمش بن اسرائیل بن سلجوق ارزانی داشت وتا زمان غازان خان حکومت آن مملکت تعلق باولاد واحفاد او میداشت وحکومت شامرا ببرادر خود تتش [5] تفویض فرمود واو به آن ولایت رفته با عرب [6] ورومیان واهل فرنگ دستبردها نموده شهر صوررا محصور گردانیده

---

[1]) B. اگر نکردمی [2]) B. پیوست [3]) P. om. گرفته
[4]) B. گاه [5]) B. semper تینش Aliae huius nominis scribendi rationes recensentur in annot. ad Abulfedae *Annal. Musl.* t. III p. 696 not. 188. [6]) B. بعرب

چون استخلاص نزدیک شد صاحب صور شرابدار تنش را بغریغت تا اورا زهر داد وطبیبی حاذق که در خدمتش بود این معنی را در یافته بمد او مشغول شد تا اورا ازان مهلکه خلاص داد آورده اند که سلطان ملکشاه در ایام سلطنت خویش ممالک محروسه را بر مقربان بارگاه گردون اشتباه خویش [1] تقسیم نموده [2] هریک از ایشانرا بحکومت ولایتی [3] فرستاد شحنگی خوارزم را بنوشتگین غرچه که پدر خوارزمشاهیان بود تفویض فرمود وقسیم الدوله اقسنغررا که اصل اتابگان فارس ودیار بکر وشام است بضبط حلب نامزد کرد وچکرمشرا بحکومت [4] موصل مقرر گردانید وقتلمشرا بدمشق وآرتقرا بحصن کیفا روان فرمود ورکن الدوله خمارتگین را بفارس ارسال نمود وهمچنین سایر ولایترا بباقی ملازمان درگاه ارزانی داشته همه را بدرجات علیه رسانید وچون سلطان ملکشاه بصید وشکار میل تمام داشت در مملکت هیچ [5] شکارگاهی نماند که نعل اسب او بآنجا نرسید واز سم گور در ایران وتوران منارها بنیاد نهاد وبهر شکاری که افکندی یک دینار سرخ

---

[1] B. om. خویش [2] P. نمود [3] Id. ایشانرا بولایتی
[4] B. om. بحکومت [5] P. در هیچ مملکت

بدرویش [1]) داده بل ریش اورا نیز [2]) به آن انعام
صید کردی وهمچنین در معموری ولایت وعمارت
خرابها وترتیب باغات وبساتین مبالغه والحاح تمام
می نمود ودر اصفهان که مقر عز واقبال آن پادشاه
کامران بود بفرموده او چند باغ معتبر مشهور ساخته
گویند که سلطان [3]) ملکشاه در سنه تسع وسبعین
واربعمایه چون مملکت شامرا در تحت تصرف آورد
ازانجا [4]) مراجعت نموده بدار السلم بغداد آمد ودر
دار الاماره نزول فرموده روز دیگر سوار شده بچوگان
باختن رفت وتنسوقات [5]) بدستور پیشکش بدار
الخلافه فرستاد [6]) ودیگر روز پادشاه ووزیر خواجه
نظام الملک بمزارات بغداد رفته بزیارت حضرت [7])
امام موسی کاظم علیه السلام ومعروف کرخی رحمه الله
وابو حنیفه واحمد حنبل استسعاد یافته [8]) نذور وصدقات
بمستحقان رسانید [9]) وبعد ازان سلطان عزیمت شکار
تصمیم داده روان شد ودران یورش بزیارت مشهد [10])

---

1) B. بدرویشی 2) P. om. نیز 3) B. گویند سلطان
4) P. add. که 5) B. تنسوقات 6) Id. hic add. روز دیگر
وخود سوار شده بچوگان باختن، رفت 7) P. om.
حضرت 8) B. واحمد بو حنیفه یافته استسعاد کرخی
یافت در نیز حنبل‌را 9) P. رسانیدند 10) Id. مشاهد

امیر المومنین علی بن ابی طالب وحضرت امام[1] حسین علیهما السلام فایز گشت وسران بیابان چندان شکاری کشته شد که از شاخهای آهوان منارها بر آوردند وبعد ازان معاودت نموده ببغداد سر آمده بملاقات خلیفه شتافت وخواست که دست خلیفه ببوسد رخصت نیافت آنگاه سلطان طلب خاتم کرده خلیفه انگشتری از انگشت بیرون کرده به او داد وسلطان بتقبیل آن مباشرت نموده[2] خلیفه ویرا خلعت پوشانید وسلطان[3] از دار الخلافت بیرون آمده نظام الملک همانجا[4] متوقف شد تا یکیک از امرا در آمده بعز بساطبوس فایز میگشتند[5] وخواجه زبان بتعریف هریک از ایشان کشاده میگفت که این یک چه درجه دارد وآن یک چه مرتبه وهر کدام چند سوار وچه علوفه[6] دارند وخلیفه زمام امارت مجموع

---

[1]) Id. علی وحضرت امام .B علی ابن ابی طالب وامام
[2]) P. نمود et addit verba: این غایت تکبر است وسلاطین دیالمه حریف ایشان بودند که اگر نه راضی بودند دست ایشان گرفته از مسند فرو میکشیدند ودیگری را بجای او نصب میکردند وخرج الیومی برحمت بایشان میدادند واختیار هیچ نداشتند وبالجمله quae complementum continere videntur. [3]) P. پوشانیده سلطان
[4]) B. همه جا [5]) Id. گشتند [6]) P. سوار وعلوفه چه

ممالک اسلامرا بسلطان ملکشاه تفویض نموده خواجهرا خلعت داد وخواجه از مجلس بیرون آمده بمدرسه که در بغداد از مستحدثات او بود رفت ونسخ کتابخانهرا[1] بنظر در آورده جزوی از حدیث پیغمبر[2] قرائت نمود وسلطان در بغداد تا صفر سنه ثمانین رحل اقامت انداخت ودرین سال دختر سلطانرا که با المقتدی بالله خلیفه عقد بسته بودند مع جهاز تمام نقل بدار الخلافه[3] کردند وآنهارا بر صد[4] وسی قطار شتر که جلهای[5] همه دیبای رومی بود بار کرده بودند[6] وهفتاد وچهار استر آراسته با جرسها وقلادهای زرین که بر شش از آنها دوازده صندوق نقره بود مملو از جواهر[7] وحلی با آن شتران بردند وسی وسه جنیبت با زینهای زرین مرصع بانواع جواهر نفیسه علاوهٔ آن گردانیده بودند چون وزیر گوهر آئین وآرتق[8] بود وسایر امرای عظام در وقت توجه بدار السلام با این تجملات که از مبدای ظهور اسلام تا آن غایت بنظر هیچ بیننده در نیامده بود

---

[1]) P. کتابت خانهرا [2]) Id. om. پیغمبر [3]) B. alio ordine حلهای بدار الخلافه, نقل [4]) P. بصد [5]) Uterque حلهای
[6]) B. بود [7]) Id. add. بود [8]) Sic recte codd., vid. Meninsk. lex. s. v.; in Abulfed. Annal. scriptum ارتق sine Medda.

بظاهر بغداد رسیدند وخواص وعوام به استقبال ایشان شتافتند خلیفه وزیر خویش ابو شجاعرا با سیصد جنیبت کش وسیصد مشعله بخدمت ترکان خاتون مادر دختر فرستاد ودران [1] شب بغدادیان در هر دکانی [2] ده شمع بر افروختند چون وزیر خلیفه نزدیک [3] بمحفهٔ خاتون رسید گفت سیدتنا ومولانا میفرماید که ان الله یامرکم ان تؤدی الامانات الی اهلها اکنون مسول آنست که ملکه بحرم خلافت رود خاتون گفت سمعا وطاعة القصه خواجه نظام الملک محفهٔ مخدرهٔ سلطانرا [4] با تجملی که هرگز دیدهٔ زمانه مثل آن ندیده بود بدار الخلافه رسانیده تسلیم نمود وسلطان که [5] بشکار رفته بود مراجعت نمود وبعد از چند روز طبل رحیل کوفته بجانب عراق عجم روان شد ودر سنه اثنین وثمانین واربعمایه دختر سلطان که خاتون خلیفه بود از دار السلام بیرون آمده بخدمت پدر رفت وسببش آن بود که دختر مکتوبی به پدر فرستاده از خلیفه شکایت نمود وسلطان بسبیل [6] جزم حکم فرمود که خلیفه دختررا بفرستند ودر ماه ربیع الاول از سال مذکور خاتون بعزم

---

[1]) B. وآن [2]) Id. دکان [3]) P. om. خلیفه نزدیک
[4]) Id. سلطان [5]) B. om. که [6]) B. بر سبیل

اصفهان از بغداد بیرون آمد و پسری که داشت مکنی به ابو الفضل وموسوم بجعفر مصحوب خویش گردانید وچون باصفهان رسید در ذی قعدهٔ همین سال وفات یافت ودر رمضان سنه اربع وثمانین واربعمایه بار دیگر سلطان ملکشاه ببغداد رفت وبرادرش تتش که حکومت دمشق تعلق بوی میداشت بخدمت پیوست وقسیم الدوله اقسنقر نیز[1] از حلب ببغداد آمد وهمچنین حکام عراق عرب ودیار بکر وسایر ممالک روی بدار السلام نهادند ودر بغداد جمعیتی دست داد که هیچ کس مثل آن یاد نداشت ودرین سال سلطان فرمود که در بغداد مسجد[2] جامع بنیاد کردند وبهرام منجم عمل قبلهٔ آن کرد وجمعی کثیر از ارباب رصد دران مقام حاضر شدند وخواجه نظام الملک واکثر امرا واعیان سلطان از برای خویش طرح سرا وعمارت وباغ انداختند ومقرر چنان شد که هرگاه سلطان ببغداد آید[3] هر کس بمنزل خود نزول کند اما مفرق الاحباب در همان چند روز آن جمعرا چنان متفرق گردانید که پنداری هرگز نبودند ☼

---

[1]) P. om. نیز [2]) B. مسجدی [3]) Id. رود

فصل ۱۱

ذکر تغییر مزاج [1] سلطان ملکشاه نسبت بخواجه نظام الملک وموت سلطان در بغداد

در آخر ایام دولت سلطان ملکشاه میان ترکان خاتون دختر خان ترکستان [2] که منکوحهٔ سلطان بود وخواجه نظام الملک غبار وحشت بالا گرفت وسبب این [3] آن بود که ترکان خاتون از سلطان پسری داشت محمود نام ومیخواست که ولایت عهد تعلق به او گیرد وخواجه میل آن داشت که برکیارق که از خاتون دیگر متولد شده بود واز سایر پسران سلطان بمزید دانش وبینش واستعداد سروری واستحقاق حکومت ورعیت پروری امتیاز داشت ولی عهد باشد وترکان خاتون [4] ازین معنی آگاه شده پیوسته در خلوات پیش سلطان به تقبیح حال خواجه مشغول بودی وزلاتی وعثراتی [5] واقع ولا واقع [6] او بر شمردی وگفتی که خواجه دوازده پسر دارد که ایشانرا در

---

[1]) P. add. ویماغ [2]) B. دختر پادشاه ما وراء النهر
[3]) Id. add. نغار quod sine dubio نغار legendum. [4]) B. om. خاتون [5]) P. وزلات وعثرات B. بلا وزلاتی وعثرتی
[6]) B. om. ولا واقع

مرکبهٔ اگمه اثنی عشر در چشم مردم عزیز کردانیده وممالکرا بر آنجماعت تقسیم کرده وطرف منافع را بر دیگر خواص [1] ومقربان مسدود ساخته وبحکم [2] من یسمع یخل این کلمات در خاطر سلطان تاثیر کرده بخواجه پیغام داد که اگر ترا با ما در ملک شرکتی هست در اقامت بینت وایراد حجت اهمال وتکاسل چراست واگر نیست از چه جهت حکومت ولایاترا بی حکم وفرمان من [3] بفرزندان خویش میدهی ودر امور مملکت بر سبیل استبداد [4] واستقلال دخل میکنی اگر دست ازین طریقه باز داشتی فهو المطلوب والا فرمایم تا دوات از پیش دست ودستار [5] از سر تو بر دارند خواجه جواب داد که موکلان قضا وقدر [6] دوات ودستار من با دیهیم وافسر سلطان درهم [7] بسته اند ومیان این چهار جنس مختلف ملازمت ثابت کرده استقامت آن بسلامت این منوط است وقوام آن بنظام این [8] مربوط ناقلان بجهت خاطر ترکان کلمات موحش بران [9] سخنان زیاده کرده بسلطان رسانیدند وسلطان از جواب خواجه در خشم شده [10]

---

[1] B. خاص [2] Id. بحکم [3] B. ما [4] Id. استیلا
[5] B. دستاررا [6] Id. بقدر [7] B. بهم [8] Id. آن
[9] B. باین [10] P. جواب در خشم

فرمان داد که تاج الملک قمی که صاحب دیوان ترکان خاتون بود [1]) با مشار الیه شیوهٔ [2]) معادات می ورزید [3]) بتحقیق مهمات او کند ودر خلال این احوال سلطان ملکشاه عازم بغداد شده خواجه نظام الملک نیز از عقب روان گشت [4]) چون بنهاوند رسید یکی از فداییان بسعی تاج الملک واشارت حسن صباح خواجهرا بدرجهٔ شهادت رسانید چنانچه عنقریب در ضمن شرح حالات آن وزیر صایب تدبیر این قضیه مبین خواهد گشت انشاء الله تعالی وبالجمله چون سلطان ملکشاه در رابع عشرین رمضان سنه خمس وثمانین ببغداد رسید زمام امر ونهی مملکت ومنصب [5]) وزارترا بتاج الملک تفویض نمود وخود بشکار رفته در سیوم شوال سال مذکور در شکارگاه مریض گشت وببغداد معاودت فرموده فصد کرد چون فصد ناقص واقع شده بود مرض زیاده گشت وروز بروز زحمت اشتداد می یافت تا در منتصف همین ماه بجوار رحمت ارحم الراحمین پیوست واین واقعهٔ هایله بعد از هشتده [6]) روز از قتل خواجه نظام الملک روی نمود معزی گوید

[1]) B. بود [2]) Id. om. شیوهٔ [3]) B. ورزیده [4]) Id. add. خواجه [5]) B. ونصب [6]) B. هجده

رفت در یکمه بفردوس برین دستور پیر[1]
شاه برنا از پی او رفت در ماه دگر
کرد ناگه قهر یزدان عجز سلطان آشکار
قهر یزدانی ببین وعجز سلطانی نگر

سلطان در آخر ایام حیات خویش رقم عزل بر ارباب مناصب[2] دیوان که مدتها ایشان[3] به اعمال اشتغال داشتند کشید چنانچه منصب خواجه[4] نظام الملکرا بتاج الملک ابو الغنایم که نایب ترکان خاتون بود داد وسبب این گذشته[5] وبجای شرف الملک ابو سعید کاتب مجد الملک ابو الفضل قمیرا بنشاند وکمال الدوله ابو رضای عارضرا[6] بسدید الدوله ابو المعالی تبدیل نمود واین تغییرات وتبدیلات بر[7] سلطان مبارک نیامد ابو المعالی نحاس درین[8] باب چند بیتی گفته که آخر آن ابیات اینست بیت

گر از کمال ونظام وشرف تو سیر شدی
زتاج ومجد[9] وسدید[10] نگر چه پیشت آمد

مدت سلطنت سلطان ملکشاه بیست سال بود وزمان

---

1) Metr. رمل 2) B. بر مناصب 3) Id. om. ایشان
4) B. چنانکه خواجه 5) Id. گذشت 6) P. عارض
7) B. واین تغیرات بر 8) Id. بدین 9) B. زتاج ملک
10) P. وسدیدة Metr. مضارع

حیاتش سی وهشت سال از دار الخلافه جلال الدوله معزی الدین قسیم امیر المومنین لقب یافت تاریخ جلالی به او منسوب است ومعزی در تخلص باین کلمه خودرا منتسب گردانیده چهل وهفت هزار سوار پیوسته بملازمت او قیام می نمودند واقطاعات ایشان در ولایات پراکنده بودی تا بهر مملکت که میرسیدند ما یحتاج خویش بی تکلف [1] مرتب می یافتند بهار دولت سلجوقیان زمان سلطنت [2] او بود صورت زیبا وسیرت پسندیده داشت ووزیری همچون نظام الملک که در عالم عدیل ونظیر نداشت ❊

فصل ۱۲

ذکر خواجه نظام الملک ابو علی حسن بن علی [3] بن اسحاق طوسی

پدرش علی بن اسحاق طوسی یکی از عملهٔ دیوان بود وبواسطهٔ سخاوتی که داشت دخل او بخرج [4] او وفا نمیکرد وچون چشمش بجمال چنین قرة العینی روشنی پذیرفت همگی [5] همت خودرا بر تربیت او مقصور گردانید تا در یازده سالگی

---

[1] B. بی کلفت [2] P. om. سلطنت [3] Id. om. بن علی [4] P. دخل بخرج [5] Id. om. همگی

قرآن یاد گرفت وبعد ازان آن فرزند رشید همگی اوقات شریف بخدمت استادان ومواظبت درس[1] واکتساب فضایل مصروف میداشت وبتحصیل علوم مشغول[2] گشته در فقه شافعی ماهر شد آنگاه روی بغربت نهاد وبا نویسندگان وعملهٔ دیوان[3] وارباب قلم در آمیخت ودران فن نیز مهارت تمام پیدا[4] کرد ودر مبداء حال چند گاهی با ابن شادان عمید بلخی بسر می برد وبکتابت او اشتغال می نمود وعمید هر وقت که[5] گمان می برد که خواجهرا چیزی از متاع دنیا حاصل شده با او میگفت که ای[6] حسن فربه شدهٔ وهرچه داشتی بستدی وچون این حرکت ناپسندیده که از[7] شیوهٔ لئیمان وخسیسانست چند نوبت[8] از ابن شادان تکرار یافت نظام الملکرا دل از ملازمت او ملول[9] گشته بمرو گریخت وبوسایط عز بساطبوس چغربگ سلجوقی حاصل کرده شمهٔ از احوال خویش معروض داشت وچغربگرا سخن گفتن خواجه دلپذیر افتاد وبنور فراستی که ارباب دولت

---

1) B. ومواکبت بدرس 2) Id. om. مشغول 3) In cod. B. deest وعملهٔ دیوان 4) P. فن مهارت پیدا 5) B. om. که 6) Id. شده میگفت ای 7) P. om از 8) چند نوبت deest in cod. B. 9) B. سیر

وملوک باک اعتقادرا می باشد امارات اقبال در ناصیهٔ او مشاهده نموده اورا بخدمت پسر خود [1] الپ ارسلان فرستاده پیغام داد که می باید که این [2] شخص کاتب ومشیر ومدبر امور تو باشد ودرین اثنا عرضه داشتی از این شادان بمرو رسید مضمون آنکه درین ولا نویسندهٔ بلخ گریخته است وبخدمت توسل جسته مهمات این ولایت معطل مانده اگر رای عالی اقتضا فرماید اورا باز گردانند چغربگ دست رد بر سینهٔ ملتمس عمید نهاده گفت که [3] نظام الملک پیش الپ ارسلان می باشد ازو طلب باید داشت [4] وقاصد عمید بلخ بی نیل مقصود باز گشت وچون نوبت جهانبانی به الپ ارسلان رسید زمام تنظیم امور عالمیان در کف کفایت خواجه نهاده اورا بر مسند وزارت متمکن گردانید خواجه نوشیروان خالد در کتاب نفثة الصدور آورده است که من از نفس [5] مبارک خواجه نظام الملک شنیدم که فرمود که [6] در بدایت حال موکلان مرا بنابر امری که در تفصیل آن زیاده فایدهٔ نیست از جائی بجائی [7] می برند

---

1) P. om. پسر خود 2) B. که باید این 3) Id. om. که 4) B. می باشد این شادان‌را با او سخن باید گفت 5) Id. لفظ 6) B. om. که 7) Id. بجای جای

ومن بر اسبی لاغر بد رفتار سوار بودم واز غایت پریشانی وبیسامانی روز روشن در[1] چشم من حکم شب تاریک داشت وبر کمال حزن واندوه با ایشان قطع مسافت میکردیم که ناگاه دران صحرا وبیابان سواری پیش آمد که نه من ونه موکلان من اورا میشناختند[2] وآن شخص بر اسبی فربه راهوار نشسته[3] با من گفت که ای فلان میخواهی که اسب خودرا با اسب تو[4] بدل کنم گفتم ای جوان چه محل تمسخر[5] واستهزاست گفت والله که هزل نمیکنم وبر فور پیاده شده زین بگردانید[6] ومرا بر اسب خود سوار کرده خویشتن[7] بر اسب من نشست واز ما در گذشت ازین صورت هم من متعجب شدم وهم موکلان[8] من در عجب افتادند ومن ازان[9] حال فال نیکو گرفته سی سال در جهان حکومت کردیم

---

[1]) P. بر [2]) B. که نه من اورا میشناختم ونه اسب تو با اسب خود [3]) Id. add. بود [4]) B. موکلان من

[5]) Est nom. act. formae II verbi quadril. مسخر significans id quod مَسْخَرٌ vel مسخرة *ludibrium*, *irrisio*. Freytagius ex libro *Fakih. Alchol.* exhibet verb. تمسخر *ludibrio habitus fuit.* Vid. Lex. arab. s. v. [6]) B. بگردان [7]) Id. خود [8]) B. متوکلان [9]) Id. ازین

وپیوسته دران ایام چشم میداشتم که آن جوانرا که این نوع مکرمت نسبت بمن بجای آورد به بینم وعذر خواهی نمایم اما هرگز چشم من بروی نیفتاد دانستم که آن شخص از رجال غیب بود سدید الدین محمد بخاری رحمة الله علیه آورده است که خواجه نظام الملک در هرات وبغداد وبصره واصفهان وعراق عرب وبلاد روم بقاع خیر وابواب بر طرح انداخته باتمام رسانید واز[1] آنجمله در بغداد مدرسهٔ ساخت که آنرا نظامیه میگفتند وآن مدرسهٔ بود بغایت متبرک چه هیچکس[2] از طلبه در آنجا تعلم وتلمذ ننمود که از فنون علوم بهرهور نگشت وبسیاری از فحول وعلما دران مدرسه ساکن شده درس گفته اند مثل امام ابو اسحاق شیرازی وحجت الاسلام امام محمد[3] غزالی رحمهما الله تعالی منقولست که چون خواجه از عمارت مدرسهٔ نظامیه فراغت یافت خازنی دار الکتب بشیخ ابو زکریای خطیب تبریزی داد واو هر شب شراب خوردی وشاهد آوردی بواب مدرسه نوبتی شمهٔ ازین قضیه بعرض خواجه رسانید خواجه در جواب فرمود که من هرگز[4] این معنی

---

1) P. رسانیده از 2) B. چه بیشتر 3) P. om. محمد
4) Id. om. هرگز

باور نکنم اگر چه بچشم خویش بینم اما خلجانی بخاطر شریفش راه یافته در شبی از شبها متنکروار[1] بمدرسه رفت وبر بام کتابخانه بالا رفته از روزن احتیاط کرد وآنچه بواب گفته بود بعین الیقین پیوست خواجه آنشب هیچ نگفت وبمنزل خویش شتافته روز دیگر وقفیه‌را طلب داشت وظیفهٔ شیخ ابو زکریارا مضاعف گردانید وبروات نوشت ویکی از نواب خود داده فرمود[2] که این براتها نزد[3] شیخ برده از من سلام برسان وبا او بگو که فلانکس میگوید که بخدا سوگند که در ابتدا نمیدانستم ومعلوم من نبود که آنجناب‌را این گونهٔ اخراجات ضروری واقع میشد واگر نه در آنزمان که تعیین وظایف می نمودم به این مقدار وظیفه که در شرط واقف بنام شیخ رقم شده رضا نمیدادم وچون فرستادهٔ خواجه بشیخ زکریا ملاقات کرده صورت حال معروض داشت شیخ دانست که خواجه بر اسرار او وقوف یافته است این معنی سبب خجالت وانفعال وی شده دست در دامن توبه وانابت زد ومدت حیات گرد معاصی ومناهی[4] نگشت گویند که خواجه

---

1) B. متنکروار 2) Id. ویکی از نواب خودرا فرمود 3) P. براتهارا بنزد 4) B. الحیات گرد مناهی

نظام الملک رحمه الله یکی از معتمدان خودرا که ملقب وموسوم به ابی سعید احمد بن محمد نیشابوری صوفی بود مشرف عمارت نظامیهٔ بغداد ساخت وچون مدرسه باتمام رسید منهیان بسمع خواجه رسانیدند که ابو سعید خیانت کرده زر[1] بسیار از وجه عمارت تصرف نموده است[2] وابو سعید بر کیفیهٔ واقعه مطلع شده ببصره گریخت واز فرار پشیمان گشته ببغداد مراجعت نمود وپیش[3] خواجه رفته بتضرع واستکانت گفت ای خداوند تو این مدرسه خالصا لوجه الله بنا فرمودهٔ هر که دران خیانت کرد حساب اورا بخدا باز[4] گذار تا تو ثواب یابی وخاین وبال بقیامت برد خواجه در جواب فرمود که ای احمد اندیشهٔ من ازان مال نیست که تو بردی[5] بلکه اندوه وحزن[6] من از آنست که زمان فوت شده وتدارک[7] آن امکان ندارد چه من میخواستم که بنای این مدرسه در غایت رصانت ومتانت باشد چنانچه بمرور ایام وشهور واعوام اندراس وانهدام بقواعد آن راه نیابد ودیرست که گفته اند که الغایة لا یدرک وخواجه با آن خاین زیاده ازین چیزی نگفت ویکی

---

1) P. وزر 2) Id. om. است 3) P. نموده پیش
4) Id. om. باز 5) B. بردی 6) Id. om. وحزن 7) P. تدارک

دیگر[1] از مدارس خواجه نظام الملک مدرسهٔ نظامیهٔ بصره بود که از نظامیهٔ بغداد فسحت ووسعت زیاده داشت وآن قریب زبیرین العوام در ظاهر بصره ترتیب یافته ودر آخر ایام المستعصم بالله آن مدرسه خراب شد وعوام ادوات وآلات آنرا بنفس شهر نقل کردند شخصی از فضلا گوید که در زمانی که سلطان ملکشاه در بغداد بود بر خاطر خواجه نظام الملک اندیشهٔ زیارت بیت الله استیلا یافته از سلطان دستوری خواست وسلطان رخصت فرمود خواجه حکم کرد تا احمال واثقال اورا بجانب غربی بغداد کشیدند وآنموضع[2] روزی چند مضرب خیام خواجه با احتشام گشت ومن[3] نوبتی بخدمت او شتافته چون نزدیک بخیمهٔ خواجه رسیدم چشم من[4] بر شخصی افتاد که سیمای صلحا واولیا[5] داشت وآن شخص رقعهٔ بمن داد که این امانتیست از وزیر نزد من لطف فرمای وبه او برسان من آن کاغذ پارهرا[6] ازوی گرفته بخیمه در آمدم وناخوانده بدست خواجه دادم وکیفیت حال معروض داشتم خواجه بعد از مطالعهٔ رقعه در گریه افتاد وگریستن او بمثابتی

[1]) B. om. دیگر [2]) P. ودر آنموضع [3]) Id. من
[4]) P. om. من [5]) Id. om. واولیا [6]) P. پاره

رسید که من از کار خویش پشیمان گشتم وبا خود گفتم که [1] ای کاش من این رقعه به او ندادمی چون از گریه فارغ شد گفت صاحب این کاغذرا [2] نزد من بیار من از خیمه بیرون آمدم وهرچند تفحص کرده [3] آن درویش‌را جستم نیافتم بالضروره باز گشتم واز فقد آن درویش خبر دادم خواجه رقعه‌را پیش من انداخت درانجا نوشته بود که دوش حضرت رسالت‌را [4] صلعم بخواب دیدم که فرمود [5] نزد حسن برو وبا او بگو که حج تو اینجاست بمکه چرا میروی نه من ترا گفته ام که بر درگاه این ترک ملازم باش ومطالب ارباب حاجات‌را باسعاف وانجاح مقرون گردان وبفریاد درماندگان امت من رس واو میگوید [6] که خواجه عزیمت زیارت مکه [7] فسخ کرده با من گفت که [8] هر گاه که صاحب رویای صالحه‌را [9] به بینی باید که اورا بمن رسانی ومن بعد از مدتی آن شخص‌را دیده با او گفتم که وزیر مشتاق لقای تست اگر رنجه شوی غایت لطف باشد جواب داد

[1]) B. om. که [2]) Id. رقعه‌را [3]) تفحص کرده deest in cod. B. [4]) P. رسالت [5]) Id. om. فرمود [6]) B. وآن فاضل گوید [7]) B. om. مکه [8]) Id. om. که [9]) P. صادقه‌را

که وزیررا امانتی پیش من بود بوی رسانیدم بعد ازین مرا با او واورا با من هیچ مهم نیست در بعضی از نسخ بنظر رسیده که در نوبت اول که سلطان ملکشاه بدار السلم بغداد رفت زوار وارباب حاجات وفقرا ومساکین بر درگاه خواجه نظام الملک مجتمع میگشتنند[1]) واو رحمة الله علیه هیچکسرا محروم نمیگذاشت ودر وقت مراجعت فرمود تا محاسبان حساب عطایا ومواهب او کردند مبلغ صد وچهل هزار دینار در حیز شمار آمد ودر کرت دوم که سلطان بمرکز خلافت ومقر امامت شتافت[2]) خواجه نظام الملک بر[3]) عطایای معهود تاخیری جایز داشته فرمود تا سرهنگان[4]) سایلانرا از درگاه رانده[5]) بمجلس او راه ندهند ودرین اثنا شیخ ابو سعید واعظ از جملهٔ صلحا وعباد بغداد که بحلیهٔ ورع وزهد وتقوی[6]) آراسته بود پیش خواجه رفت وخواست که فصلی از منشآت خود[7]) که آنرا بالنصیحهٔ النظامیه موسوم گردانیده بود بخواند بعضی منع کردند خواجه بانگ بر ایشان زده گفت ای شیخ هرچه خواهی بگو

---

1) B. گشتنند 2) Id. خلافت رسید 3) B. در
4) B. add. دیگر 5) از درگاه رانده deest. in cod. B.
6) B. بحلیهٔ تقوی وورع 7) P. خودرا

راقم حروف گوید که الفاظ آن نصایح عربی بود از برای سهولت فهم وعدم تطویل بترجمهٔ بعضی ازان کلمات درین اوراق قناعت نموده ثبت[1]) افتاد شیخ ابو سعید بعد از تحمید ودرود وبیان سیرت مرضیهٔ خواجه میگوید که اگر حاجتمندی بامید عطا پیش یکی از توانگران امت رود آن توانگر مخیر باشد اگر خواهد به او احسان کند واگر میل مبرت نداشته باشد نکند وازین جهت وبالی به او عاید نمیگردد چه او دران امر متطوع ومتبرع است اما کسی که[2]) باری سبحانه وتعالی زمام مصالح بلاد وعبادرا در قبضهٔ اختیار او نهاده وکدخدائی[3]) جهان به او داده باشد در ایصال حوایج واهدای فواضل[4]) مخیر نباشد زیراکه او بحقیقت مزدوریست که روزگار خویش فروخته است وبهای آن ستانده پس نتواند که اوقات خودرا باختیار گذارند[5]) نه بفراغ بال با عیال تواند نشست ونه مطالعهٔ کتب وتلاوت قرآن واعتکاف در مساجد ومعابد بجای تواند آورد[6]) زیراکه این افعال واعمال به نسبت او[7])

---

[1]) B. om. نموده ثبت [2]) P. اما اگر کسی [3]) P. کدخدائی [4]) B. فضایل [5]) P. نگذارند male. [6]) Id. آورده [7]) B. باو

از نوافل است وغمخواری بندگان خدا از واجبات وبلجماع امت ترک نوافل تا بواجبات قیام توان نمود واجبست وخواجه اگرچه وزیرست اما در حقیقت اجیریست که[1] سلطان اورا باجرت گرفته است تا در دنیا وآخرت نیابت او کند درین جهان به تنظیم بلاد وعباد پردازد ودران جهان از جانب او جواب گوید زیراکه حضرت حق سبحانه وتعالی ملکشاهرا در قیامت پیش خود در[2] پای دارد وبا او خطاب کند که سلطنت روی زمین بتو ارزانی داشتم ومهمات خلایق بتو حواله نمودم با بندگان من چگونه معاش کردی او گوید آلهی تو میدانی که از برای تدبیر کار ایشان پیری مدبر عاقل اختیار کردم وممالک خود به او سپردم تا باقامت عدل وانصاف اشتغال نماید واورا صاحب سیف وقلم گردانیدم تا بقلم حکم کند وبشمشیر تادیب مجرمان وترهیب ظالمان فرماید واینک در حضرت تو استاده است ازوی بپرس که زندگانی وی با برایا ورعایا بر چه سان بوده است اکنون قدوهٔ انام وصدر اسلام بیندیشد که دران وقت کدام جواب مناسبتر آید آنکه گوید که[3] چون حکومت مملکت بمن مفوض شد در خانه بکشادم[4]

---

[1] P. om. که [2] B. بر [3] Id. om. که [4] B. کشادم

وحجاب حجاب از میان بر داشتم وبا زایران وسایلان
طریق احسان وافضال مرعی داشتم یا آنکه گوید
که بر ابواب بواب [1]) گماشتم ونواب وحجابرا گفتم که
زوار وسوال بمن ومجلس من راه ندهند وقاصد ووافدرا
باز گردانند ومامول امیدواران بخیبت وحرمان
مبدل سازند وکسری [2]) انوشیروان که از جملهٔ
آتش پرستان بود در بر روی متظلمان کشاده دربانانرا
از در قصر خود دور کرد تا بحدی که رسول ملک
روم با او گفت که پادشاه جهان پناه راه دشمنان
بر خود باز وآسان کردانیده است واز آنجماعت احتراز
نمیکند کسری جواب داد که حصن من عدل است
وخداوند عز وعلا این منصب خطیر جهت آن بمن
داده تا حاجت [3]) محتاجان بر آرم وبفریاد مظلومان
رسم پس اگر در فراز کنم وروی بخلق ننمایم داد
مظلومان چگونه دهم ویکی از سلاطین هند [4]) که در
زمرهٔ بت پرستان انتظام داشت بهر دو گوش کر
شده اندوهی عظیم بر وی مستولی گشت وبرهنمی اورا
تسلیه داده پادشاه گفت که [5]) من از بطلان قوت

---

[1]) **Sic scripsi pro mendoso** بوات **cod. B. quod deest in cod. P.** [2]) **B.** کسری [3]) **P.** حاجات [4]) **B.** هندوستان [5]) **Id. om.** که

سامعهٔ اندوهناک نیستم بلکه حزن من از آنجهت است که سخن مظلومان استماع نتوانم کرد وبحال ارباب احتیاج کما ینبغی نتوانم پرداخت آنگاه پادشاه هند[1] فرمان داد تا[2] هرکرا تظلمی وحاجتی باشد جامهٔ سرخ بپوشد ودیگران ملبس به این لباس[3] نگردند تا بی کلفت[4] گفت وشنید بر کیفیهٔ حال واقف گردد وتا آن پادشاه در قید حیات بود جز ارباب احتیاج ومظلومان جامهٔ سرخ دیگری[5] نپوشید اکنون صدر الاسلام از سایر ملوک وحکام بنصفت وعدل سزاوارترست تا دران روز که پروردگار جزای اعمال بندگان بدهد ومردم در صحرای محشر از غایت حرارتی که بر ذوات وانفس ایشان مستولی شده باشد در عرق غرق گردند خواجه در سایهٔ افضال واحسان خویش مرفه وآسوده خاطر بایستند وعدل وفضل دستگیر وی گردد واین معنی در اوهام چگونه صورت بندد که سحاب آسمان در اطراف واقطار افاضهٔ امطار کند ومکارم نفس وعلو همت که سحاب ارضی است[6] در ادرار اهمال وتکاسل ورزد ودر مذهب

1) B. هندوستان 2) Id. که 3) B. inverso ordine دیگری 4) B. om. کلفت 5) B. به این لباس ملبس بندد که مکارم نفس وعلو همت 6) P. جامهٔ سرخ

مروت کی جایز باشد که حق سبحانه وتعالی وزیر صایب تدبیررا [1]) بر روی زمین حاکم کرداند وخلعت بقای او بطراز طول مدت مطرز سازد ووی در مدینة السلام وحضرت امام اسلام باشد چشمهٔ عذب مکارم خویشرا بی ترتیب [2]) ازدحام تشنگان بادیهٔ احتیاج بگذارد ودار السلم بغدادرا که مقر امامت ومستقر خلافت است وبمشمول [3]) عدل وفضل احق واولی می نماید بزیور مواهب وحلی عطایهٔ خویش نیاراید وهیچ عاقلرا شک نیست که خلود اشخاص انسانی درین [4]) جهان فانی از قبیل محالات ومقولهٔ ممتنعاتست پس همان بهتر که بقلیلی که محل عروض انعدام وفناست [5]) کثیر باقیرا بدست آورد فرصترا [6]) که صفت نمر مر السحاب از لوازم ذات آنست غنیمت داند وحقیقت شناسد که در جواب این نصیحت هر عذری که خواهد گفت مقبول ومسموع نخواهد افتاد ومن امانت گزاردم وشرط نصیحت بجای آوردم بدان خدای که دانای آشکار ونهانست که

که سحاب ارضیست چگونه پسندد که سحاب آسمان در الطار واطراف افاضهٔ امطار کند وسحاب زمین

[1]) P. تدبیر [2]) B. بی الیف [3]) مشمول .P [4]) Id. براین
[5]) P. وانعدام فناست [6]) B. آورد وفرصترا

مرا در تقریر این کلمات هیچ غرض دنیوی نیست آب وزمین وباغ وبستان [1] ندارم وهیچ آفریده‌را از اهل مشرق ومغرب با من نزاع وخصومت نیست [2] ومرا از هیچکس تظلم وشکایت نه بلکه مطمح نظر نیکنامی آنحضرتست [3] واستقامت واستدامت این دولت والسلم خواجه چون این مواعظ ونصایح شنید بقبول آن بر خود منت نهاده واعظ [4] مسرور وخوشدل گشت وخواجه مبلغ هزار دینار باسم نذر فرمود تا بابو سعید دهند اما او قبول نکرد وخواجه بدستور سابق مواهب وعطایا بمستحقان رسانیده گفت که [5] دیگر حاجبان از آمدشد ارباب احتیاج منع نکنند گویند که خواجه نظام الملک مردی پاکیزه اعتقاد رقیق القلب بود وغم آخرت بیش از اندوه دنیا داشت نوبتی بخاطرش رسید که در کیفیت معاش خویش نسبت برعایا وزیردستان محضری نویسد وباسامی صلحا وعلمای ملت واعیان [6] واشراف امت آنرا موشح ومزین گرداند تا آن محضررا بعد از وفات او [7] با او در قبر نهند هرچند این صورت معهود نبود اما ائمهٔ

---

1) B. وبساتین 2) P. om. نیست 3) P. آنحضرت
4) Id. نهاد وواعظ 5) B. om. که 6) B. om. واعیان
7) او deest in cod. P.

دین بنابر حسن معاش وصفای طویت خواجه اسامی خویش بران کاغد نویشتند چون آن محضر بخدمت شیخ ابو اسحاق مدرس مدرسهٔ نظامیهٔ بغداد بردند بر آنجا ثبت نمود که خیر الظلمة حسن کتبه ابو اسحاق وچون خواجه کتابت شیخ برین[1] نهج دید بسیار بگریست وگفت هیچکس از اکابر سخن راست چنان ننوشت که امام ابو اسحاق وبعد از رحلت خواجه اورا در خواب دیدند که میگفت خدای تعالی وتقدس[2] بر من رحمت کرد بنابر آن[3] کلمهٔ مطابق واقع که شیخ ابو اسحاق در بارهٔ من نوشته بود نقل است که سلطان ملکشاه در اصفهان مدرسهٔ بنا فرمود ودر حین تحریر وقفیه از سلطان پرسیدند که کدام طایفه درین بقعه ساکن واز اوقاف آن[4] محظوظ وبهره ور باشند سلطان جواب داد که من اگر[5] حنفی مذهبم اما این عمارتیست که خالصا لمرضات الله تعالی ساخته ام قومی را بهره ور ومحظوظ کردن وطایفهٔ را محروم ومایوس کردانیدن وجهی ندارد بنویسید[6] که اصحاب هر دو امام یعنی ابو حنیفه وشافعی علی

---

[1] B. بران [2] Id. om. وتقدس [3] P. کرد بران [4] B. om. آن [5] Id. که اگر من چه [6] P. بنویسند

سبیل التعادل والتساوی از اوقاف این مدرسه منتفع گردند [1] وبنابر رعایت جانب پادشاه خواستند که اسم امام اعظم‌را در کتابت [2] بر نام شافعی تقدیم فرمایند خواجه مانع آمد ومدتی کتابت وقفیه در حیز توقف ماند وسلطان دران اوان بر زبان گوهر افشان میگذرانید که تا خواجه راضی نشود منویسید وعاقبت چنان نوشتند که وقف علی اصحاب الامامین امامی الائمه وصدری [3] الاسلام گویند که در زمان سلطان الپ ارسلان که خواجه هنوز [4] بمرتبهٔ وزارت نرسیده بود بکاردانی وکفایت شهرتی تمام [5] داشت وسلطان اورا به این عنوان میدانست وبحسب اتفاق پادشاه‌را سفری پیش آمد وامید الملک کندری [6] وزیررا مزاج از جادهٔ استقامت [7] منحرف شده نمی توانست که دران یورش ملازم باشد سلطان فرمود که باید که [8] یکی از کاتبان [9] جلد درین سفر همراه ما باشد وبعد از استشاره قرعهٔ اختیار بر خواجه نظام الملک افتاد وچون خواجه‌را چندان دستگاهی نبود متفکر شد که وجهٔ خیمه وخرگاه وسایر ما

---

[1]) P. om. گردند [2]) Id. که اسم حنفی [3]) P. ائمه وصدر male. [4]) B. هنوز خواجه [5]) P. om. تمام [6]) B. om. کندری [7]) Id. مستقیم [8]) B. om. که [9]) Id. بندگان

یحتاج[1]) از کدام ممر سرانجام نماید در اثناء این
اندیشه وضو ساخته بمسجدی[2]) که بر در خانهٔ
خود داشت رفت ودر فراز کرده بعرض نیاز مشغول
گشت ناگاه نابینائی در مسجد باز کرده در آمد
وگفت درین مسجد کیست خواجه جواب نداد
نابینا بعصا گرد مسجد بر آمده شرط احتیاط بجای
آورد وچون حس کسی[3]) نیافت پیش محراب رفته
بوریا بر داشت[4]) وزمین را بکاوید وکوزهٔ پر زر
مسکوک بیرون آورده زرها را فرو ریخت ولحظهٔ به
آن بازی کرده درمی چند منضم گردانید وهمه را در
کوزه کرده هم آنجا باز دیگر[5]) بخاکش سپرد
وچون نابینا بیرون رفت خواجه بفراغ بال بی مذلت
قرض زر بر داشته اسباب سفر بساخت ودر خدمت
سلطان روان شد وباندک فرصتی مهمش روی در
ترقی نهاده مرتبهٔ وزارت یافت اتفاقا روزی خواجه
با کوکبهٔ عظیم در بازار میرفت ناگاه[6]) نظرش بران
نابینا افتاده اورا بشناخت وبا یکی از ملازمان گفت
که این ضریررا بوثاق رسان ونگاه دار تا من از

[1]) B. add. دران زمان [2]) P. بر مسجدی [3]) B. در
[4]) Id. om. بوریا بر داشت [5]) B. وچون حرکتی
همانجا باز [6]) P. om. ناگاه

دیوان باز گردیم چون خواجه بخانه آمد نابینارا پیش [1] خود طلبیده در گوش او گفت که آن کوزهٔ زر که در محراب مسجد مدفون میساختی وگم شده بود یافتی نابینا دست دراز کرده دامن خواجهرا [2] بگرفت وگفت یافتم خواجه فرمود که [3] این چه سخن است نابینا گفت تا آن زر ضایع شده با هیچکس نگفته ام که مرا مصیبتی چنین پیش آمده اکنون که از خواجه شنیدم دانستم که صورت حال چیست خواجه در خنده افتاده فرمود تا ضعف آن وجه بنابینا دادند ویک قریهٔ معمور از متملکات خویش به او بخشید چنین کنند بزرگان چو کرد باید کار ودر بعضی کتب مسطورست که خواجه نظام الملک دختر ابو القاسم بن رضوانرا [4] که یکی از اعیان دار السلام بغداد بود بجهت پسر خود موید الدوله خطبه کرد ودر آنزمان که در بلخ اقامت داشت موید الملکرا به آن ولایت طلبید تا ببغداد فرستد وامر مصاهرت باتمام رساند چون موید الملک بمجلس پدر رسید زمین ببوسید وخواجه با او گفت که همین لحظه باید که [5] متوجه بغداد شوی که دیرست [6]

---

[1]) B. نزد [2]) Id. خواجه [3]) B. om. که [4]) P. رضوان

[5]) B. om. که [6]) Id. دیرپست

که قرابت آن سببی دیدهٔ انتظار در راه دارند آنگاه رفت بسیار فرموده پسررا وداع فرمود وصوید الملک که بجمال ظاهری وکمال معنوی [1] آراسته بود از مجلس نظام الملک [2] بعزیمت یورش بغداد بیرون آمد خواجه دیگر بار بگریسته [3] با حاضران گفت که بذات پاک خدای عالمیان که عیش بقالان خوشتر از زندگانی ارباب اختیار وفرمانست زیراکه بقال صباح بدکان آید وبعد از بیع وشری شبانگاه بخانه رود ورزقی که پروردگار به او کرامت کرده باشد با اهل وعیال بکار برد واولاد او هر روز پیش او مجتمع گردند تا [4] بدیدار ایشان مستانس شود وبخرمی ومسرت روز گذرانند ومن با این [5] همه مکنت ورفعت این فرزندرا که بسن بیست رسیده است [6] چند بار معدود بیش ندیده ام وعمر عزیز من در تحمل مشاق اسفار وارتکاب اخطار میگذرد وشب وروز اوقات شریف مستغرق تنظیم وترتیب مصالح سلطان وطبقات لشکر وحشم وخدم اوست یا [7] این همه کاشکی از شر دشمنان وحاسدان ایمن باشم

---

[1]) P. معنی [2]) Id. om. verba از مجلس نظام الملک
[3]) B. گریسته [4]) Id. مجتمع گشته [5]) B. om. این
[6]) است deest in cod. P. [7]) B. است وبا

وچون مجموع [1] ازمنهٔ عمر بدین ونیره گذران باشد از حیات چه لذت توان یافت واز زندگانی چه تمتع توان گرفت وبعبادت خالق بی همتا که مارا از [2] برای آن آفریده است وبدان [3] مامور گردانیده چگونه توان پرداخت خواجه ازین نمط سخنان راند چندانکه حضار مجلس [4] بگریه افتادند وبر پاکی طینت [5] وصفای عقیدت او گواهی دادند شخصی حکایت کرد که در مجلس خواجه نظام الملک بودم که نامهٔ از عراق عجم به او رسید [6] مضمون آنکه اسبان عربی حضرت [7] خواجهٔ جهان در میان دو کوه چرا میکردند ودر اثناء این حال طیور بزرگ [8] مثل عقاب وغیر آن بین الجبلین در پرواز آمدند وافراس از آواز پر وبال مرغان [9] رمیدن گرفته در مضیقی عظیم افتادند وآن مضیق در محلی رفیع بود که آبی بزرگ از پایانش میرفت واسبان بتصادم یکدیگر ازان بالا بشیب افتادند وبعضی از [10] اسبانرا آب برد وبرخی‌را [11] دست وپا شکست وعدد اسبان ضایع شده

---

1) P. om. مجموع 2) B. om. از 3) Id. وبران
4) B. om. مجلس 5) P. وبر طینت پاک 6) B. رسانیدند
7) Id. om. حضرت 8) B. بزرگی 9) Id. جانوران
10) B. add. آن 11) P. وبرخی

بپانصد میرسد چون خواجه نامهرا بخواند زمانی خاموش شد وبعد ازان بگریست گریستنی صعب بشابتی که حاضران در تعجب افتادند که وزیری چنین که شرق وغرب عالم در تحت تصرف وفرمان اوست به این قدر زیان که به او رسیده چندین قلق واضطراب میکند وآنجماعت زبان بتسلیه وتسکین او کشاده [1]) خواجه سر بر آورد وفرمود که گریهٔ من بواسطهٔ تلف اسبان نیست واگر صد چندان در محل [2]) تضییع افتد محل آن ندارد که بآن سبب [3]) هیچ نوع پریشانی بخاطر راه یابد اما در این حالت قضیهٔ بر ضمیر من گذشت که موجب این همه رقت شد وحاصل [4]) آن قصه این که نوبتی از غزنین عازم خراسان شدم وبغیر از سه دینار زر هیچ نداشتم وچهار دینار دیگر قرض کردم وبه آن هفت دینار اسبی خریدم ودر همانروز آن اسب بچراگاه آخرت رفت واز آنجهت بغایت اندوهگین شدم وحالا بیاد آمد که دران ایام بفقد آن اسبی که هفت دینار سرخ قیمت داشت آن همه ملالت بر من مستولی گشت وامروز که شنیدم که پانصد سر اسب تازی

---

[1]) B. کشادند [2]) P. مرض [3]) Id. بسبب آن [4]) P. شده حاصل

بیکبار تلف شد بفضل الله تعالی وعنایته سرموئی تکدر وتغیر بباطن من [1] راه نیافت واز کمال فرح ومسرت گریه بر من مستولی گشت

الحمد لخالق البرایا والشکر لواهب العطایا [2]

مسود این اوراق گوید که خواجه نظام الملک رحمه الله در وصایای خویش بتقریب [3] آورده است که در زمانی که سلطان ملکشاه مخدرهٔ از مخدرات دار الخلافترا که حجله نشین تتق عصمت بود خطبه فرمود وامر مواصلت ومصاهرت باتمام رسید وابا [4] وامتناع برضا واتباع مبدل شد سلطان فرمود که در روز عقد جمیع اکابر واشراف از اطراف واکناف عرب وعجم باید که حاضر باشند پس بجملهٔ ممالک از مکهٔ معظمه ومدینهٔ مکرمه وبلاد شام وروم وعراق وفارس وخراسان وما وراء النهر وغیر ذلک کسان فرستادند [5] تا مجموع [6] اهل ناموسرا ببغداد احضار کردند ودر بغداد اجتماعی دست داد که در قرون [7] ماضیه وازمنهٔ سابقه مثل آن کم روی نموده باشد وخیم سلطان در [8] جانب غربی بود ودار الخلافه

---

[1]) P. om. من [2]) Metr. هزج [3]) B. بتقریبی
[4]) P. om. وابا [5]) B. فرستاده شد [6]) P. om. مجموع
[7]) Id. که قرون [8]) B. om. در

بر جانب شرقی روزی که اختیار عقد بود سلطان
فرمود که مجموع اکابر واعیان که حاضر گشته اند
جهت طلب رضا متوجه سرای خلافت شوند وچنانچه
آئین تراکمه بود که در[1] وقت استرضا کسان دامان
خضوع وخشوع گرندی تا رضا حاصل شدی بزرگان
روی زمین از طرف سلطان در عتبهٔ خلافت تضرع
وشفاعت[2] کنند ونظر بر تعظیم واحترام سرای
امامت فرمان شد که همه پیاده[3] شوند وهیچکس
سواره نرود چون روان شدند وحال آنکه پیش از
توجهٔ اکابر خبر بخلیفه رسیده بود فی الحال کسی
آمد که فرمان امیر المومنین چنانست که خواجه
نظام الملک سوار باشد وپس من تنها سوار وجملهٔ
اکابر عالم پیاده[4] در مرافقت من روان گشتند
چون بسدهٔ خلافت رسیدم[5] دست مسندی[6] در
غایت عظمت بنهادند ومرا بران بنشاندند[7] وسایر
امرا[8] بر یمین ویسار من بنشستند وبعد هر کس[9]
از علما وعظما خلعتی از دار الخلافت بیرون آوردند

---

[1]) P. بود در [2]) B. addit آغاز [3]) B. که پیاده
[4]) B. om. پیاده [5]) Id. رسیده شد [6]) P. hic et infra
دست ومسندی [7]) B. نشاندند P. om. بران [8]) B. خلق
[9]) P. هر یک

وخلعت من مطرز بود به این طراز که باسم الوزیر العالم العادل نظام الملک رضی امیر المومنین واز ابتدای[1] اسلام تا الی غایت کسی از وزرا بامیر المومنین منسوب نکردانیده بودند غرض از شرح این حال آنکه چون شیطان در[2] آنزمان بر نفس من تهییج تعظیم وتکریم میکرد در[3] بیوفائی وکم بقائی عظمت دنیا تامل می نمودم وعجز وضعف خود با وجود چنان حال مشاهده میکردم وبیقین میدانستم که آن مرتبه وامثال آن صد هزار در وجهٔ یک بت ویک صداع نمی نشیند ولا[4] حول میگفتم وچون از عتبهٔ خلافت باز گشتم شب در آمده بخواب دیدم که همان[5] دست مسند بر مقامی بس رفیع بود ومن بر آن نشسته وهمان خلعت پوشیده اما از تنهائی خوف ووحشتی[6] تمام داشتم ناگاه شخصی بشکل زشت ولقای کریه پیدا شده نزدیک من نشست واز رایحهٔ منکر او مرا بیم هلاک بود ودران حال دیگری بصد کراهت ورداءت او بدید آمده او[7] نیز بر همان مسند قرار گرفت وهمچنین از عقب یکدیگر هریک از دیگری قبیح‌تر می آمدند ومی نشستند

---

[1]) B. add. دولت [2]) P. om. در [3]) Id. ودر [4]) B. لا
[5]) P. همان [6]) B. ووحشت [7]) P. آمد واو

تا جای بر من چنان مضیق گشت که نزدیک شد
که از مسند نگونسار گردم واز روایح ناخوش
ایشان روح از بدن من مفارقت کند از غایت اضطراب
بیدار گشتم وخدای عز وجل‌را شکرها کرده بامداد
تصدقها دادم واین حال‌را [1]) با هیچکس نگفتم
وشب دیگر بعینه همان واقعه در خواب پیش
آمد واین نوبت چنان مضطرب شدم که لرزه بر
اعضای من افتاد بحدی که اگر مرا بیدار نمیکردند
محل آن بود که دیگر بیدار نشوم القصه شب سیوم
از بیم وهراس بخواب نمیرفتم تا آخر شب خوابم بربود
باز همان جمع منکررا دیدم که آمدند وبنشستند
ونزدیک به آن شد که نفسم منقطع گردد ناگاه
طایفهٔ خوبروی خوشبوی همه [2]) نورانی وروحانی پیدا
شدند وچون یک کس از آنجماعت آمدی وبر من
سلام کرده بنشستی یکتن ازان زمرهٔ نامقبول مختفی [3])
گشتی تا همه نیست گشتند واز مجالست فرقهٔ
ثانیه روح وراحتی [4]) یافتم که زبان بیان از توصیف
آن قاصرست درین اثنا یکی از ایشانرا مخاطب ساختم [5])
که شما چه کسانید وآن گروه کیان بودند جواب

---

[1]) P. حال [2]) B. om. همه et P. خوبروی praecedens.
[3]) B. مخفی [4]) Id. وراحی [5]) P. گردانیدم

دانند که ما اخلاق حمیدهٔ [1] تو ایم وآن زمرهٔ اوصاف ذمیمه مدت مغارنت ما ومغارنت ایشان با تو موید خواهد بود واقتران ما مخلد اگر طاقت مجالست آن جمع داری مارا بگذار واگر میل همنشینی ما دامن گیر تست ترک ایشان کن واز محاورت ومکالمت قوم دوم بهجتی ولذتی یافتم که شرح نتوان کرد وهرگز حال نامالایمتر ازان مشاهده ننمودم که مرا ازان خواب بیدار کردند خواجه بر ذیل این حکایت گوید که پس چنان سزد که خداوند این مسند یعنی منصب وزارت اکتساب سیر مرضیه از لوازم داند واجتناب از خصال سیئه بر خود واجب گرداند ۞

فصل ۱۳

ذکر رنجش سلطان ملکشاه از خواجه نظام الملک وشهادت یافتن خواجه بر دست ملاحده [2]

طایفهٔ از مورخان رنجش سلطانرا بنوعی تقریر کرده اند که با روایت اول نوع [3] تباینی دارد چنانچه از ضمن این کلمات بوضوح خواهد پیوست آورده اند که خواجه نظام الملک در آخر وزارت عبید الملک

---

[1] B. حمیده پسندیدهٔ [2] B. om. بر دست ملاحده

[3] نوع deest in cod. B.

ابو نصر کندری [1]) با او شریک شد وچون عمید الملک بموجب فرمان الپ ارسلان بقتل رسید خواجه دران امر مستبد ومستقل گشت ودر زمان حکومت سلطان ملکشاه همان منصب داشت واعدای [2]) دولترا مقهور ساخته هوا خواهانرا سر افراز گردانید وهرچند ذات پسندیده سماتش بصنوف مکارم وفنون فضایل مزین ومحلی بود اما سلطان ملکشاه از طول مدت وزارت خواجه واستیلای او بر ممالک وتصرف او در اموال بر سبیل استقلال وتحکم پسران ودامادان ونایبان وی در آنجا واقطار جهان متبرم وملول شد ودرین اثنا میان عثمان بن نظام الملک که ضبط وربط امور مرو شاهجان تعلق به او میداشت وشحنهٔ آن ولایت که از خواص سلطان بود نزاعی واقع شد وعثمان ایذائی بشحنهٔ سلطان رسانیده شحنه بخدمت سلطان رفت وصورت حال معروض داشت واین حال [3]) علاوهٔ آزار خاطر سلطان گشته طایفهٔ از نوابرا فرستاد وبوزیر پیغام داد که اگر در ملک شریک منی آن حکم دیگرست واگر تابع منی چرا حد خود نگاه نمیداری وفرزندان [4]) واتباع خویشرا تادیب نمیکنی [5])

---

[1]) P. کندری ابو نصر [2]) B. که اعدای [3]) P. حالت
[4]) Id. نداری فرزندان [5]) P. نکنی

که بر عالم مسلط شده اند بمثابتی که حرمت بندگان ما نگاه نمیدارند اگر میخواهی فرمایم تا دوات از پیش تو بر دارند ایشان نزد خواجه آمده پیغام بگذاردند وزیر در غضب رفته گفت با سلطان بگویید که تو نمیدانی که من در ملک تو شریک [1]) تو ام وتو به این مرتبه بتدبیر من رسیدهٔ وبخاطر نداری که چون الب ارسلان کشته شد بچه کیفیه امرا ولشکریان‌را [2]) جمع آوردم واز جیحون گذشته برای تو شهرها کشادم واقطار جهان مسخر گردانیدم [3]) وترا از دست پادشاه روم بچه حیله وتدبیر خلاص دادم دولت تاج تو بدوات من منوط است هرگاه که [4]) دوات مرا [5]) بر گیری تاج ترا بر دارند وچون خشم خواجه تسکین یافت از گفته پشیمان شد وبا فرستادگان گفت که این کلمات از سر آزردگی خاطر گفتم اگر خواهید همین سخن بعرض رسانید والا آنچه مصلحت وقت باشد معروض دارید رسولان مراجعت نموده با سلطان گفتند که خواجه میگوید من بندهٔ کمینهٔ شهریارم [6]) وفرزندان من بنده زادگانند وحکم سلطان

---

1) B. که در ملک شریک 2) P. ولشکریان 3) Verba quae sequuntur usque ad دولت desunt in cod. B. 4) Id. om. که 5) P. من 6) B. شهریار عالمانم

بر خون ومال من نافذست هرچه [1] فرمان شود لا تجاوز ازان صورت نه بندد ومن با عثمان آن کنم که موجب عبرت دیگران شود [2] سلطان این سخن [3] شنیده خاموش شد وچون مجلس خالی گشت رسولان معروض داشتند که جواب خواجه نه این بود که در انجمن بعرض پادشاه عالمیان [4] رسانیدیم بلکه چنین وچنین گفت سلطان ازین کلمات متوحش گشته بغایت کوفته خاطر شد ورقم عزل بر صفحهٔ حال نظام الملک کشیده بجانب بغداد توجه نمود وخواجه از عقب سلطان روان گشت [5] چون ببروجرد که از شهرهای لُر کوچک است [6] رسید باغوای [7] تاج الملک ابو الغنایم واشارت حسن صباح فدائی که اورا ابو طاهر ارانی میگفتند در محلی که خواجه از بارگاه بحرم میرفت در زی متصوفه پیش آمده رقعهٔ بدست خواجه داد وخواجه بمطالعهٔ آن نوشته مشغول شده ابو طاهر بنجس کاردی

---

1) B. ما نافذ وروان بهر چه 2) P. عالمیان گردد
3) B. om. سخن 4) Id. بمسامع علیه 5) B. شده
6) است deest in cod. P. — لر کوچک pro لور کوچک ut saepius in Mirchondi opp., vid. Hist. Saman. p. 44 ubi Wilken false Lerkudschek scribit. Vid. quae in conversione nostra ad h. l. annotavimus. 7) P. باغراء

جان گزای بر خواجه زد واو رحمه الله بزخم آن جراحه [1] روز دیگر بجوار رحمت ملک غفور پیوست واین اول خونی بود که از فدائیان سر دیار [2] اسلام صدور یافت وچون خبر شهادهٔ خواجه نظام الملک بسمع حسن صباح رسید گفت قتل هذا الشیطان اول السعادة نقل است که خواجه بعد از زخم کارد این قطعه انشا کرده بخدمت سلطان فرستاد قطعه [3]

سی سال [4] باقبال تو ای شاه جهاندار
گرد ستم از چهرهٔ ایام ستردم
طغرای نکونامی ومنشور سعادت
پیش ملک العرش بتوقیع [5] تو بردم
آمد زقضا مدت عمرم نود وسه
واندر سفر از ضربت یک کارد بمردم
بگذاشتم این [6] خدمت دیرینه بفرزند
اورا بخدا وبخداوند سپردم

وجسد آنجناب‌را [7] افاض الله علیه شابیب الغفران واسکنه بحبوب الجنان بدار السلطنت اصفهان [8] نقل کردند ودر موضعی [9] مناسب مدفون ساختند ✲

---

[1]) Sic legendum statui pro mendoso جارحه utr. cod.
[2]) P. om. دیار [3]) Id. بیت Metr. هزج [4]) P. یکچند [5]) Id. بتوفیق [6]) P. آن [7]) Id. om. را [8]) P. الغفران باصفهان [9]) Id.

فصل ۱۴

ذکر سلطنت برکیارق بن سلطان ملکشاه

در آن عهد وزمان گلی بلطافت وطراوت سلطان برکیارق در گلزار سلطنت نشکفته بود وسروی بقامت ونضارت وی در جویبار مملکت[1] بالا نکشیده شکلی حسن وچهرهٔ مستحسن داشت وسلطان با وجود تعداد اولاد باستصواب وزیر بی نظیر ومشیر صایب تدبیر تشریف ولایت عهد[2] وخلعت قهرمانی در وی پوشانیده بزبان حال گفت بیت[3]

بسیار نظر کرد چپ وراست دلم
چپ داد بتانرا وترا خواست دلم

وچون سلطان ملکشاه در آخر ایام حیات بدار السلام بغداد شتافت برکیارقرا در اصفهان گذاشته ترکان[4] خاتونرا با پسرش محمود مصحوب خویش گردانید وبعد ازانکه سلطانرا حالت ناگریز پیش آمد ترکان از خلیفه التماس نمود که محمودرا[5] که قرة العین

---

[1] B. alio ordine برکیارق . . وزمان بلطافت موضع گلی . . . . بود وسر جویبار مملکت بغامت ونضارت وی سروی [2] Id. om. عهد [3] Metr. هزج [4] P. وترکان [5] B. محمود

ومحبوب او وملکشاه [1]) بود بر سریر مملکت بنشاند خلیفه اجابت نفرمود وگفت محافظت قواعد جهانداری کار[2]) سرسری نیست ومحمود که هنوز سن او از شش سال تجاوز ننموده چگونه هفت اقلیمرا در تحت تصرف وحیطهٔ ضبط تواند آورد وترکان[3]) ترک خواهش نداده التماس خویش مکرر گردانید وتا[4]) دست خویش[5]) در گردن مقصود حمایل کند نقد وجنس فراوان صرف نمود وخدمت بسیار بجای آورد تا خلیفه بسلطنت محمود رضا داد ترکان خاتون بعد از نیل مطلوب یکی از خواص ومعتمدان[6]) خودرا باصفهان فرستاد تا برکیارقرا بگیرد چون آن معتمد بمقصد رسیده خواست که بموجب فرموده عمل نماید برکیارق باتفاق غلامان خواجه نظام الملک نیم شبی از اصفهان گریخته روی بساوه نهاد وبا امیر تکش تکین[7]) که جاندار واتابک او بود پیوست

---

[1]) B. ومحبوب ملکشاه [2]) P. کاری [3]) Id. ضبط آورد ترکان [4]) P. تا [5]) B. om. خویش [6]) Id. معتمدان
[7]) P. کمش تکین false ut videtur. Cum lectione recepta cod. B. تکش تکین consentit Herbelot s. v. Barkiarok et Deguignes *Geschichte der Hunnen und Türken* tom. II. p. 243.

وامیر مشار الیه برکیارقرا بری برده بر سریر سلطنت
نشاند وترکان خاتون از بغداد با پسر خود محمود
باصفهان آمده منصرف دار الملک شد وبرکیارق با
بیست هزار سوار جرار متوجه آن حدود شده بر ظاهر
شهر نزول کرد وترکان خاتون مال بسیار بر لشکریان
قسمت فرموده در مقام ممانعت آمد وعاقبت جمعیرا
متوسط ساخت تا بمبلغ [1] پانصد هزار دینار صلح
کردند وبرکیارق وجهٔ مصالحه قبض نموده دست
از محاصره باز داشت وبجانب همدان رفت وترکان
خاتونرا عرق حمیت در حرکت آمده خواست که
بمکافات برکیارق مشغول شود چون از مددی مشفق
چاره نبود خال برکیارق ملک اسمعیل یاقوتیرا
فریفته وعده داد که اگر نظام عقد سلطنت برکیارق
بسعی اسمعیل گسسته شود در عقد نکاح او آید
واگر نام برکیارق از خطبه وسکه محو گردد خطبهٔ
او اجابت کند واسمعیل بطمع فاسد با لشکری که
گوش سپهر از خروش کوس ایشان کر میشد روی
بجنگ برکیارق نهاد ومیان ایشان جنکی اتفاق
افتاد که از زخم تیغ نیلوفری زمین مصاف لالهزار
گشت   بیت [2]

---

[1] P. بر مبلغ [2] Metr. رمل

از صف لشکر فتاده جنبش اندر دشت وکوه
وز تف خنجر گرفته جوشش اندر بحر وبر

عاقبت نسیم نصرت وظفر[1] بر پرچم رایت برکیارق وزیده اسمعیل اسیر شد ودر رمضان سنه ست وثمانین[2] واربعمایه بجزای عمل خویش گرفتار گشته بقتل رسید ودر شوال سال مذکور عم برکیارق که سلطان ملکشاه اورا میل کشیده بود قصد برادر زادهٔ خویش کرد چون برکیارق طاقت مقاومت عم نداشت عازم اصفهان شد بنابر آنکه دران چند روز ترکان خاتون وفات یافته بود ومادهٔ خصومت منقطع گشته محمود به استقبال برادر بیرون آمد واز سر محبت یکدیگررا در کنار گرفتند وبعد ازان انر وبلکابک وغیرهما از سرداران لشکر محمود بر اخذ وقید برکیارق مبادرت نمودند ومیل آن کردند که آن پادشاه زادهٔ بیمثال‌را میل کشند ودرین اثنا محمود از طالع نامسعود

---

[1]) P. om. وظفر [2]) B. رمضان احدی وثمانین P. رمضان ست وثمانین utrumque false. Scripsi سنه ثمانین nam Ismaelis mors incidit in annum CCCCLXXXVI, ut colligitur ex sequentibus coll. cum Elmacini *Historia Saracenica* p. 288. Vid. quae in conversione ad h. l. diximus.

بمرض آبله گرفتار شده دعوت حضرت معبودرا لبیک اجابت گفت وامرا طوعا او کرها با برکیارق بیعت کرده اورا بر تخت سلطنت نشاندند چون برکیارق بر اورنگ خسروی متمکن گشت خواست که زمام وزارت در قبضهٔ درایت یکی از کفاة عصر[1] نهد درین اندیشه می بود که ناگاه موید الملک بن نظام الملک از خراسان رسیده بسعادت دستبوس مستسعد گشت وچون اخلاص واختصاص او وپدر وی بدودمان[2] آل سلجوق دیرینه بود تکفل آن امر خطیر بموید الملک حواله رفت وبعد از روزی چند فخر الملک هم از خراسان بخدمت سلطان توسل جسته بهدایا وتحف لا تعد ولا تحصی خودرا مقبول خاطر ومنظور نظر شهریار گردانید وسلطان بواسطهٔ این خدمات پسندیده رقم عزل بر صفحهٔ روزگار موید الملک کشیده فخر الملکرا وزیر ساخت ودرین اوان میان عمش تتش وبرکیارق در[3] حدود ری محاربه واقع شده تتش بقتل آمد وچون اسعیل از باس وسطوت[4] برکیارق میبهراسید[5] یکی

---

[1]) B. اصل کفایت از [2]) Idem وپدران او [3]) B. بر [4]) Idem سطوت [5]) B. نسبت دودمان میبهراسیدند

از فدائیان آنجماعت اورا کارد زد اما کارگر نیامد وسلطان بعد از شفای ازان[1] زخم با لشکریان گران[2] جهت دفع عم دیگر خویش ارسلان که در خراسان دم از مخالفت میزد روان شد وبا آنکه مردان کار ودلیران شیر شکار در ظل رایت نصرت آیت[3] پادشاه مجتمع بودند از صولت ارسلان اندیشهٔ بیکران داشت اما پیش از تلاقی فریقین از بخت مساعد ارسلان خواست که با غلام بچهٔ نرد معاشرت ومباشرت بازد دران خلوت از زخم خنجر آن پسر نقد حیات او در ششدر فنا گرفتار گشت ومبشر اقبال برکیارق را استقبال نموده چون بمقصد[4] رسید گنج بی رنج وملکت بی مشقت یافت وبنابر تهییج فتنه موید الملک از خراسان بر سمت عراق روان گشته برادر خود سنجر بن ملکشاه را دران ولایت بنیابت خویش گذشت[5] ❁

---

[1]) P. شفای آن [2]) In eodem cod. deest گران
[3]) B. رایت ولایت [4]) Id. نموده بمقصود omisso چون
[5]) P. خود گذشته

فصل ١٥

ذکر حکایت ناپسندیدهٔ موید الملک وبیان بعضی از[1] قضایا که دران ولا بعد از مراجعت برکیارق واقع شد

موید الملک معزول در غیبت برکیارق با انر که یکی از بندگان خاص سلطان ملکشاه بود بساط اختلاط وانبساط گسترده گفت که تو پسر خواندهٔ سلطان مرحومی ومهابت تو در نظرها وخاطرها بیش از اولاد اوست مصلحت آنکه بهنگام فرصت بر مسند شاهی نشسته مرغ دل سپاهی ورعیترا بدانهٔ احسان وانعام صید کنی وملک عراق وفارس وکرمانرا ضبط[2] کردانی انر به این افسون ودمدمه[3] مغرور گشته دست بخزاین دراز کرد ولشکری گران فراهم آورده روی بری نهاد وبساوه[4] رسیده بزخم کارد فداییان الموت کشته شد وچون تدبیر موید الملک موافق تقدیر بر نیامد خایب[5] وخاسر بطرف گنجه که محل اقامت محمد بن ملکشاه بود شتافت واورا نیز[6] بر مخالفت برادر وطلب ملک پدر

---

1) B. om. از 2) B. مضبوط 3) Id. وزمزمه 4) B. وساوه 5) Id. تقدیر نیامد وخایب 6) B. om. نیز

ترغیب وتحریض نمود سلطان محمدرا این معنی ملایم مزاج افتاده بر احضار [1]) لشکرها فرمان داد وبر عزم رزم [2]) برکیارق با سپاهی آراسته از گنجه بیرون آمد وپیش از ملاقات هر دو فریق هرج ومرج بحال برکیارق راه یافته بگوشهٔ رفت مفصل این مجمل آنکه چون رایت برکیارق بقهستان وعراق رسید التماس امرا این بود که ابو الفضل مجد الملک قمی‌را که دیوان استیفا تعلق به او میداشت وبر ممالک استیلای تمام یافته طرق [3]) منافع امرا وارکان دولت‌را مسدود کردانیده بود [4]) بایشان سپارد تا دمار از نهاد آن ابو الفضول بر آرند وسلطان بنابر رعایت حقوق قدیم بی ظهور جرم وارتکاب جریمه دست رد بر سینهٔ ملتمس امرا نهاد وچون آنجماعت از تحکمات مجد الملک نیک بتنگ آمده بودند ابا وامتناع سلطانرا وزنی ننهادند واسب عصیان در میدان طغیان تاختنه متوجه خیمهٔ مجد الملک شدند وخدمتش ازین حال آگاهی یافته در حرم سلطان گریخت وامرا اورا تعاقب نموده در حوالی سراپردهٔ عالی صف زده بایستادند وبطلب مجد

[1]) B. باحضار [2]) Id. بعزم حرب [3]) P. یافته بود وطرق [4]) Id. om. بود

الملک رسول پیش سلطان فرستادند مجد الملک چون دید که مهم از حد اعتدال تجاوز نمود با سلطان گفت که مرا بدیشان سپار تا فتنه زیاده نشود برکیارق به آن رضا نداد امرا چون اصرار سلطان بر امتناع مشاهده کردند حرمت پادشاهرا که در شریعت ملکداری از قبیل واجبانست ودر طریقهٔ جان‌سپاری از مقولهٔ مفترضات بر طاق نسیان نهاده بحرم در رفته مجد الملکرا در حضور سلطان پاره پاره کردند وسلطان از هول این واقعه دامن خیمه بر داشته بیرون رفت وبمنزل آخربگ که یکی از اعیان ملک بود شتافته تملق آغاز نهاد واز وی در خواست که با امرای عاصی ملاقات نماید وآن فتنه‌را بنوعی که داند تسکین دهد[1] وآخربگ بحسب ظاهر متقبل شده پیش ایشان رفت وچون ضمنا با اهل شقاق اتفاق داشت بر فور باز گشته معروض داشت که هرچند ارباب عصیان‌را نصیحت کردم مقبول[2] نیفتاد اکنون مصلحت آنست که سلطان جریده با چند غلام زر خریده از میان[3] این فسقه بیرون رود تا سالم ماند وسلطان برکیارق جز امتثال چاره ندید وبا چند غلام سوار شده روی بصوب ری[4]

---

1) P. om. دهد 2) Id. قبول 3) B. add. فتنه 4) Id.

نهاد وسلطان محمد بی ارتکاب کلفت ومشقت بر چهار بالش سلطنت تکیه زد ومؤید الملک بی زحمت حساد واضداد منصب وزارت یافته بتدبیر مصالح بلاد وعباد مشغول گشت برکیارق چون بری رسید مسرعان بجرجان وخراسان وسایر ولایات[1] که در تحت تصرف داشت فرستاده باحضار عساکر فرمان داد وبا لشکری که عدد آن از حد گمان وتخمین گذشته بود روی بجنگ برادر خود[2] سلطان محمد نهاد ودر رجب سنه ثلاث وتسعین واربعمایه باهم حرب کردند وبرکیارق منهزم گشته گوهر آیین شحنهٔ بغداد دران معرکه کشته شد وبرکیارق متوجه اصفهان شده از آنجا بخوزستان رفت وایاز غلام سلطان ملکشاه دران دیار با سپاهی باران عدد بدو پیوست وبار دیگر بعزم انتقام برادر لشکر کشیده بعراق آمد[3] ودر جمادی الاول سنه اربع وتسعین تیغ کین در یکدیگر نهادند وسلطان محمد فرار بر قرار اختیار کرده مؤید الملک اسیر گشت وبعد از چند روز که از قید وحبس او بگذشت خاطر امرا بدست آورده بسلطان پیغام داد که اگر پادشاه قلم عفو بر

[1]) B. ولایاتی [2]) Id. خویش [3]) B. لشکر روی بری بعراق کشید

جرايد جرايم من كشيده مرا بمرتبهٔ وزارت رساند صد هزار دينار تسليم نمايم كرم بركيارق اقتضاى اجابت ملتمس او كرده مقرر فرمود كه چون مالى كه وعده كرده بخزانه رساند منصب وزارت بوى مفوض گردد واز بخت نامساعد ميان او وارباب خزانه در تفاوت جنس مضايقه واقع شده مهم بروز ديگر افتاد وروز ديگر در وقت اشتداد حرارت هوا[1] طشت دارى بتصور آنكه سلطان در خوابست با ديگرى ميگفت كه سلجوقيان قومى عظيم بى حميت اند واصلا غيرت ندارند مردىرا كه اين همه كفران نعمت ازوى صادر شد ومدتى[2] بشامت عصيان او سلطان[3] هر روز بمنزلى وهر شب بجائى بسر برد اكنون وزير ميسازد وبر وى اعتماد ميفرمايد وبطمع مال بگفتار آن ناهموار[4] راضى ومغرور ميگردد سلطان از استماع اين كلمات بىطاقت شده مشاعل خشم او بر افروخته دران گرم گاه با[5] شمشيرى در دست از خرگاه بيرون آمد وفرمود تا مويد الملكرا حاضر كردند وبيك زخم رشتهٔ حيات اورا بقطع رسانيد آنكه از[6] سر غضب با طشت دار گفت ديدى كه حميت سلجوقيان

---

[1]) B. om. هوا [2]) Id. ومدت [3]) P. om. او سلطان
[4]) B. وگفتار ناموهٔ او [5]) Id. om. با [6]) P. رسانيد واز

چگونه است وبرکیارق بعد از ظفر بر برادر بجانب بغداد رفت ومحمد بن ملکشاه بر صوب ری حرکت کرد وسلطان سنجر برادر کهترش از خراسان بدو پیوست وچون برکیارق از جمعیت ایشان وقوف یافت با وجود ضعف بدن از بغداد عازم جنگ شد وپیش از تلاقی فریقین سفرا در میان آمده برادرانرا با یکدیگر آشتی دادند وسلطان محمد بقزوین رفته از صلح پشیمان شد وآبتگین ماهروی که باعث بر مصالحهٔ او بود میل کشید وبرکیارق چون ازین صورت خبر یافت بحرب او شتافت ودر ظاهر ساوه صفوف محاربه آراسته گشت وسلطان محمد منهزم باصفهان رفت وبرکیارق تعاقب نموده اورا دران بلده [1]) محصور کردانید وسلطان محمد از حصار بیرون آمده با برادر جنگ کرد وبار دیگر شکست یافته بخوی رفت وبرکیارق از عقبش شتافته باز مهم بمحاربه انجامید وسلطان محمد از معرکهٔ برادر گریزان شده بطرف گنجه متوجه شد ودر جمادی الآخر سنه ست وتسعین واربعمایه میان برکیارق ومحمد [2]) صلح واقع شد مقرر برانکه شام ودیاربکر وآذربایجان وموغان [3])

---

[1]) B. اورا تعاقب نموده دران بلده‌اش [2]) Id. وسلطان محمد [3]) P. ومغان

وارمن وگرجستان از سلطان محمد باشد وباقی ممالک از برکیارق بود ونام هیچ یک در ولایت دیگر[1] بر سر منبر نبرند وتا[2] آخر ایام حیات برکیارق مبانی مصالحه موکد وموطد بود ودر سنه ثمان وتسعین برکیارق عزیمت بغداد کرده در راه بمرض صعب مبتلا گشت وملکشاه پسر خودرا ولی عهد گردانیده با اتابک ایاز گفت که متولی[3] امور او باشد ودر جمادی الآخر همین سال ببروجرد در گذشت مدت سلطنتش سیزده سال بود وزمان حیاتش بیست وپنج سال ❁

فصل ۱۶

ذکر سلطنت محمد بن ملکشاه بن الپ ارسلان

سلطان محمد بیت[4]

سر ملوک جهان تاج بخش روی زمین
که ختم گشت برو تا ابد جهانبانی

پادشاهی بود موید بتایید[5] ربانی ومخصوص بتوفیق[6] سبحانی نصفتی کامل ومرحمتی شامل داشت بزیور عدل وعفت[7] آراسته بود وبحلیهٔ دین

---

[1] P. دیگری [2] B. تا [3] B. متوالی male. [4] Metr. مجتث
[5] B. بتاییدات [6] Id. بتوفیقات [7] B. om. وعفت

وبیانت مزین ومتحلی از ارتکاب مناهی وملاهی که
سبب اختلال امور جهانداریست نبود بثبات[1] عهد
وصدق قول مذکور ودر اعلای کلمهٔ دین وقلع
ملاحدهٔ بی ثبات ویقین سعی مشکور بجای آورد
ودر حفظ بیضهٔ اسلام ید بیضا نمود ودر بدایت
حال او صدقه وایاز که غلامان پدرش[2] بودند
مخالفت کردند وخواستند که ملکشاه بن برکیارق
بجای والد خویش در حکومت عراق وخراسان
وفارس وسایر بلاد ایران که تعلق به او میداشت
مستقل ومستبد باشد ولشکری فزون از چند وچون
فراهم آورده مستعد حرب وپیکار گشتند وسلطان محمد
نیز سپاهی بیکران جمع کرده بجنگ ایشان بشتافت
وچون هر دو فریق صف آرای گشتند مدد سماوی
شامل حال سلطان گشته بر بالای سر مخالفان ابری
بشکل اژدها پیدا شد که آتش از دهانش می بارید
از هول این واقعهٔ قیامت اثر جمهور لشکر ملکشاه[3]
سلاحها از بر افکنده فریاد الامان بر آوردند صدقه
در مصاف کشته گشت وایازرا گرفته نزد سلطان
آوردند واو نیز بموجب فرموده از عقب صدقه روان

---

[1]) P. وثبات. [2]) Id. صدرش [3]) B. verba جمهور لشکر ملکشاه post بیارید praecedens collocat.

شد وسر صدقهرا بخراسان نزد سلطان سنجر فرستاده ملکشاهرا محبوس گردانیدند وچون در زمان برکیارق بواسطهٔ خصومت ونزاعی که میان او وبرادرش امتداد یافت چنانچه شمهٔ ازان درین اوراق رقم زدهٔ کلک بیان گشت کار ملاحده بالا گرفته بود وسلطان محمد بعد ازانکه ببغداد رفته وباعزاز[1] واحترام والقاب عالی اختصاص یافته بود ازانجا مراجعت نموده بقلع وقمع[2] واستیصال ملاحده پرداخت ❊

فصل ۱۷

ذکر استیلای احمد بن عبد الملک[3] عطاش بر درکوه وهلاک طایفهٔ از اهل اصفهان بسعی نابینائی[4]

سلطان ملکشاه در ایام سلطنت خویش در ولایت اصفهان قلعهٔ متین رصین بنا نهاد که آنرا درکوه میگفتند ودر غیبت سلطان خزانه واسلحه ووشاقان ودختران حرم سرارا به آن حصار می بردند وطایفهٔ از دیالمه که بجانب ایشان وثوق واعتماد تمام بود بحراست ومحافظت آن قلعه قیام می

---

[1]) B. باعزاز [2]) B. omisso نمود وبقلع وقمع
[3]) Id. om. عبد الملک [4]) B. post نابینائی addit شغاوت پژوه

نمودند وچون عبد الملک داعی اسمعیلیه بنابر[1] خوف جان که از ارباب اصفهان داشت گریخته بالموت رفت پسرش احمد که بحسب ظاهر از افعال واقوال[2] پدر ابرا وتبرا می نمود در اصفهان ساکن گشت وبفحوای کلمهٔ نحن نحکم بالظاهر علمای آن دیار رقم سیرت اهل سنت وجماعت بر ناصیهٔ حال احمد کشید وهیچکس متعرض وی نمیشد واو ببهانهٔ معلمی کودکان وغلامان خودرا بقلعه انداخت وگاه گاه بشهر آمده جهت دختران سرای مقنعه وامتعه که مناسب ایشان بودی[3] خریده بقلعه بردی وبا دیالمه خلوتها ساخته آنجماعترا بمذهب اسمعیلیه دعوت کردی وباندک روزگاری ساکنان حصار سر بر خط فرمان احمد نهاده اورا حاکم وپیشوای خود ساختند واو در ظاهر اصفهان دعوت خانه ساخته که[4] هر شب از اهالی شهر طایفهٔ بآنجا می آمدند وبقبول دعوتش بر خود منت می نهادند تا عدد متابعان احمد بسی هزار رسید ودر عهد او نابینائی در اصفهان بدید آمد که اورا علوی مدنی میگفتند ودر آخر روز بسر کوچهٔ خویش عصا بدست گرفته

---

[1]) B. بر [2]) Id. om. واقوال [3]) B. بود [4]) که deest in cod. B.

بایستادی وگفتی خدایش بیامرزد[1] هر که این پیر ضریررا بخانهٔ او رساند که راه ناهموارست وآن نابینا[2] سرائی داشت در اقصای[3] کوچه ودر آن سرا سردابها مرتب ساخته بودند وآن کوچهٔ بود چون راه عدم تاریک وطریق بیرون شدن نداشت وهرکس که بسبب احراز ثواب آخرت آن پیر نابینارا دست گرفته بوثاق میرسانید[4] جمعی از خانه بیرون میجستند واورا باندرون سردابه آورده بانواع عقوبش میکشتند ومردم خویشان وعزیزان خودرا[5] گم کرده هیچکس مدتی مدید پی بدو نبرد[6] تا روزی زنی گدا بدان خانه[7] رسیده چیزی خواست ودران اثنا نالهٔ حزین[8] درد آلود شنید[9] بتصور آنکه دران سرا رنجوریست که می نالد گفت خدای تعالی رنجور شمارا شفا دهد ویاران علوی گمان بردند که مگر زن گدا از حال ایشان آگاهی یافته لا جرم جمعی از وثاق بیرون دویدند تا آن ضعیفهرا در خانه کشند وکشند وآواز پای ایشان محسوس عورت گشته روی بگریز نهاد وبر سر کوچه

---

1) B. بیامرزاد 2) P. ونابینا 3) Id. اقصی 4) B. میرسانیدی 5) B. خود 6) Id. نبرد 7) B. روزی شنیده 8) Id. om. حزین 9) B. گدائی با خانه

رسیده [1]) صورت حال تقریر کرد مردم خود در جستوجو بودند فی الحال به آن خانه در رفتند وعلوی مدنی‌را با خویش [2]) وجمعی از ملاحده بگرفتند ودران سرا چاهها [3]) وسردابها یافتند پر از خسته وکشته وبر دیوارها [4]) چهار میخ کرده فریاد از نهاد خلق [5]) بر آمد آنگاه اهل اصفهان آنجماعت فسقهٔ فجره‌را بر سوائی تمام بکشتند وسوختند ومردگان خودرا [6]) بگورستان برده دفن کردند وبالجمله در آنزمان که سلطان محمد بباغداد رفت احمد عطاش دخیرهٔ بسیار بقلعه کشیده کارش قوی شده بود وسلطان از دار السلام مراجعت نموده باصفهان رفت ودر محاصرهٔ درکوه وتضییق [7]) ملاحده مبالغهٔ تمام نمود چون امر محاصره چند سال امتداد یافت ودخیرهٔ اهل [8]) قلعه باتمام رسید احمد عطاش قاصدی نزد وزیر سلطان سعد الملک اوجی [9]) که در خفیه دعوت اورا [10]) قبول کرده بود ودر سلک اسمعیلیه انتظام یافته فرستاد وپیغام داد که در حصار

---

[1]) B. وبسر کوچه وبازار [2]) Id. با زنش [3]) P. چاهها
[4]) B. دیوار [5]) Id. وخلق [6]) B. ومردگان‌را [7]) Id. وبتضییق P. وتضیق [8]) P. om. اهل [9]) B. ساوجی
[10]) Id. او

نه ذخیره ماند [1]) ونه مردان کار وبالضروره درین
دو سه روز قلعهرا [2]) تسلیم خواهیم نمود سعد الملک
گفت که یکهفته توقف باید کرد تا من این سگرا
یعنی سلطانرا [3]) از میان بر دارم چون حرارتی قوی
بر مزاج سلطان محمد استیلا داشت در هر ماهی
بیکبار [4]) فصد فرمودی وچون موسم آن نزدیک رسید
سعد الملک مبلغ یکهزار [5]) دینار سرخ وخلعتی نفیس
بفصاد داد تا به نیش زهر آلود فصد سلطان کند
واز سگالش بد وزیر وپیغام احمد وجواب سعد الملک
حاجبی از حجاب مشار الیه که وقوف داشت این راز
با زن خویش در میان نهاد وآن مستوره در شب
وصال صورت حالرا با معشوق خویش گفت وبمقتضای
کل سر جاوز الاثنین شاع این حدیث بوسایط مسموع
سلطان گشت روز دیگر سلطان تمارض [6]) کرده بطلب
فصاد فرستاد وچون فصاد بازوی او بسته خواست
که نیش فرو برد [7]) سلطان از سر غضب در وی
نگریست فصادرا از مهابت شهریاری لرزه بر اعضا
افتاده صورت قضیه معروض داشت وسلطان فرمود

---

1) B. مانده 2) P. قلعه 3) B. سگساررا et P. verba یعنی سلطانرا ante چون sequens collocat. 4) B. om. بیکبار 5) Id. هزار 6) P. تمارضی 7) B. نیش زند

تا بهمان نهش قصاصرا قصد کردند واو فی الحال جان بمالک سپرده سخن منهیان که پیش ازین سعد الملکرا بمذهب الحاد ومعادات سلطان منسوب میساختند بیقین پیوست لا جرم اورا با اتباع ومتعلقان هلاک ساخت وزن حاجبشرا که این سر ازوی فاش شده بود بمعشوق داد وهم دران هفته اسمعیلیه قلعه بسپردند واحمد عطاشرا دست بسته وبر شتری نشانده باصفهان [1]) در آوردند ودر آنروز زیاده از صد هزار کس باستقبال او بیرون آمده سرگین وخاکستر وامثال آن بر سرش نثار میکردند ودر پی او افتاده بتمسخر[2]) واستهزا با وی خطاب می نمودند در اثنای این حال شخصی ازوی پرسید که میگویند که[3]) تو منجمی ماهری چونست که این واقعهرا در زایچهٔ طالع خویش ندیده بودی جواب داد که در احکام طالع خود مشاهده کرده بودم که درین سال با خلق بسیار ولشکر بیشمار[4]) باصفهان در می آیم اما به این کیفیه نمیدانستم بالجمله احمد عطاشرا[5]) با متابعان باقبح وجهی کشته[6]) بسوختند وقلعهرا خراب کردند وبعد ازان سلطان محمد اتابک

---

[1]) P. بشهر [2]) Id. تسخر [3]) B. om. که [4]) P. سنگین [5]) Id. عطاش [6]) P. add. شده

شیرگیررا بمحاصرهٔ قلعهٔ الموت نامزد فرمود واو
بموجب فرمان به آن مهم مشغول گشت اما تسخیر
قلعه بواسطهٔ فوت آن شهریار دین پرور[1] باتمام
نرسید نقلهٔ اخبار گفته اند که بعد از کشته شدن
سعد الملک بن فخر الملک بر دست فداییان
اسمعیلیه برادرش ضیا الملک احمد بر مسند وزارت
نشست واو پیوسته با سید ابو هاشم همدانی که
امثال این فریق نسبت بوی گدایان بینوا بودند
معادات می ورزید ومقابح اورا که واقع وغیر واقع
بود بسمع سلطان میرسانید ومهم بجائی رسید که از
سلطان متقبل شد که اگر سیدرا به او سپارند پانصد
هزار دینار بخزانه رساند وسلطان اجابت نموده ابو
هاشم ازین معنی خبر یافت واز راه غیر مشهور بیکهفته
از همدان باصفهان شتافت[2] ودر همانشب با یکی از
خواص سلطان که اورا قراتگین میگفتند ملاقات
نموده ده هزار دینار زر سرخ برسم پیشکش به او
گذرانید[3] وگفت ملتمس آنست که امشب مرا
بخدمت سلطان رسانی که دو سه کلمه معروض دارم
وقراتگین در مدت العمر[4] ده دینار سرخ ندیده بود ودر

---

[1]) P. در مجلس [2]) Id. دین دار [3]) B. آمد
[4]) Id. حاضر کرد وقراتگین چون هرگز

حوصلهٔ وی نمیگنجید که کسی از سر این مبلغ در[1]) گذشته بمثل چون او شخصی بخشد لا جرم استغسار[2]) نمود که این وجهرا بسلطان باید رسانید سید گفت حاشا این محقر خاصهٔ تست وقراتگین چون بغایت مغرب وکستاخ بود بر فور سیدرا بخدمت پادشاه برد وسید دعائی بخیر گفته دری که مقومان ازرا قیمت نمیدانستند پیش سلطان نهاد وبتضرع وتخشع معروض داشت مدتهاست که احمد قصد خان ومان من دارد وشنیدم که درین ولا بندهرا بپانصد[3]) هزار دینار خریده است واز[4]) خداوند عالم سزاوار نباشد که فرزند رسول را که پیر وعاجز باشد بفروشد واین بدنامی تا ابد بماند اکنون اگر از جهت اخراجات لشکر محقری ضرورت است من مبلغ[5]) هشتصد هزار دینار میدهم بشرطی که سلطان وزیررا تسلیم من کند چون حب مال بر حفظ وزیر غالب آمد التماس سید ابو هاشمرا باجابت مقرون گردانید وسید مسرور از دار السلطنت اصفهان بیرون آمده راه همدان پیش گرفت وغلامی از خازنان بر اثر او متوجه شد تا مال قبض کند چون بهمدان

---

[1]) B. om. در [2]) Id. استبصار [3]) B. پانصد [4]) Id. از [5]) P. om. مبلغ

رسید خواست که در سرای سید نزول کند وبنزل روزگار گذراند سید بوی پیغام داد که منزل[1] تو کاروان سراست یا صحرا اقامت تو درین ولایت چندانست که زر شمرده تسلیم نمایم[2] ونفقه واخراجات حواله بکیسهٔ تست وغلام بخانهٔ سید آمده خواست که پای از محل ادب بیرون نهد ابو هاشم گفت که گرد بی‌ادبی مگرد والا فرمایم که ترا بر در سرای بیاویزند[3] وصد هزار دینار دیگر بجرمانه[4] تسلیم خزانه کنم تا هزار غلام که بهتر از تو باشد بخرند ودر یکهفته بی آنکه قرضی کند یا متاعی فروشد آن مبلغ خطیررا تسلیم نمود وفلسی بغلام نداد وغلام بتعجیل باز گشته وجهٔ مذکوررا باصفهان رسانید سلطان ازوی پرسید که بدین زودی این همه زر[5] از کجا آوردی غلام گفت که[6] سید ابو هاشم همهرا از خانهٔ خود بیرون آورده بمن تسلیم نمود وچندان مهلت شد که زر مسکوکرا شمردند ونامسکوکرا سنجیدند سلطان از وفور مال ابو

---

[1]) B. نزل [2]) P. نمایند [3]) B. بیاویزم [4]) Videtur compositum ex ب, جرم et انه et adverbialiter positum significatione *necessario, prorsus;* in lexicis non comparet. P. بجرمانه [5]) B. مال [6]) P. آورد غلام که

هاشم متعجب شده حکم[1] فرمود که احمد بن نظام الملکرا به او سپارند بعضی از مورخان گفته اند که سید با وزیر بفحوای بیت[2]

بدیرا بدی سهل باشد جزا
اگر مردی احسن الی من اسا

عمل نمود وبرخی برانند که بمقتضای[3] کلمهٔ وجزاء السیئة سئة مثلها کاربند شد آورده اند که سلطان محمد در حالت[4] نزع پسر خود محمودرا گفت که تاجرا بر سر نهاده بر تخت باید نشست محمود گفت که امروز روز[5] نیک نیست سلطان جواب داد که اما بر تو نیکست واین چند بیت از نتایج طبع وقاد اوست که در مرض موت املا کرده است بیت[6]

بزخم تیغ جهانگیر وگرز قلعه کشای
جهان مسخر من شد چو تن مسخر رای
بسی بلاد گرفتم بیک اشارت دست
بسی قلاع کشادم بیک فشردن پای
چو مرگ تاختن آورد هیچ سود نداشت
بقا بقای خدایست وملک ملک خدای

---

[1]) P. om. حکم [2]) Metr. متقارب [3]) P. بمقتضی
[4]) Id. حالات [5]) P. om. روز [6]) Metr. مجتث

مدت سلطنت سلطان محمد سیزده سال وکسری بود وزمان حیاتش سی وهفت سال ☼

فصل ۱۸

ذکر سلطنت سلطان السلاطین معز الدین [1] سنجر بن ملکشاه

سلطان سنجر پادشاهی بود از اهل سلجوق ممتع بطول عمر وطیب [2] عیش ونشر ذکر وجمع مال وفتح بلاد وقمع اهل فتنه وفساد وخدای ترس وشرمگین وکریم طبع ورعیت پرور بود مراسم جهانگیری وجهانداری نیکو دانستی واقامت لوازم خسروی وشهریاری کما ینبغی توانستی اگرچه در ادراک جزیات امور ساده لوح بود اما در کلیات قضایا مثل لشکر کشیدن ودر معرکه با خصوم [3] ومنازعان کوشیدن وتربیت اولیا وتذلیل اعدا واحترام علما وتبجیل [4] فضلا وترویج [5] شریعت غرا دقیقه مهمل نگذاشتی نوزدة مصاف معتبر داد ودر هفتدهم [6] مظفر ومنصور آمد ومدتها از قبل برادران خود برکیارق وسلطان محمد در دیار خراسان بحکومت اشتغال

---

[1] B. معز الدنیا والدین [2] B. وحلیه [3] Id. خصام
[4] B. وبتبجیل [5] P. ترویج [6] B. هفده

می نمود وچهل واند سال به استقلال بعد از ایشان بفرمان‌دهی مشغول شد ودر بدایت سلطنت بجنگ برادر زادهٔ خویش [1]) محمود بن محمد بن ملکشاه از خراسان متوجه عراق گشت وبعد از تلاقی فریقین وتسویهٔ صفوف واعمال آلات [2]) حرب واستعمال ادوات طعن وضرب [3]) محمود منهزم گشت وبطرف ساوه شتافت وچون در قدرت وقوت سنجری واضطرار ودرماندگی خویش تامل نمود بخدمت [4]) عم رفته زبان باستعذار [5]) واستغفار کشاده سلطان سنجر از سر جریمهٔ او در گذشته مملکت عراق عرب وعجم بوی تفویض فرمود مشروط بآنکه نخست در [6]) خطبه نام سلطان سنجر برند آنگاه نام محمود ودر هر موضعی از مواضع امهات بلاد که بمحمود رقم اختصاص کشد دست تصرف نواب دیوان اعلی ازان ولایت کوتاه نباشد ودر بدایت [7]) حال دیار غزنین‌را که دار الملک سلطان محمود بن سبکتگین بود مستخلص گردانیده نیابت خودرا ببهرامشاه غزنوی که از اولاد سلطان محمود بود داد ومقرر فرمود که

---

[1]) B. خود [2]) P. وآلات male. [3]) Id. ضرب [4]) B. وبخدمت [5]) P. واعتذار [6]) B. آنکه در [7]) Id. ودر om. وبدایت

هر روز هزار دینار بخزانه رساند وبعد از مدتی بهرامشاه سر استبداد زده با سلطان[1] آغاز مخالفت نهاد وسلطان عنان عزیمت به آن صوب منعطف کردانیده بهرامشاه در مقام عذر خواهی آمد وخراج کذشته تسلیم نمود وکدورت خاطر شهریاری بصفا تبدیل یافته سلطان مراجعت نمود وملقب بسلطان السلاطین در افواه والسنه[2] سایر ودایر کشت کویند که چون والدهٔ سلطان سنجر فوت شد علما وصلحا از برای ادای صلوة جنازه حاضر کشتند سلطان با ایشان کفت که از شما کسی پیش رود که مدت حیات نماز او عمدا قضا نشده باشد آنجماعت متوقف شده هیچکس متصدی امامت نکشت عاقبت سلطان قدم پیش نهاده نماز کزارد[3] وازین قضیه بوضوح پیوست که از مبداء تکلیف تا آن غایت فریضه بر سبیل قصد قضا نشده بود ودر سنه اربع وعشرین وخمسمایه حاکم سمرقند محمد بن سلیمان سر از عصیان وطغیان زده سلطان لشکر بما وراء النهر کشید واو دران[4] شهر متحصن کشت وچون مدت محاصره امتداد یافت اکثر مردم سمرقند بوبا وکرسنکی تلف شدند ومحمد بن سلیمان طوعا او کرها دست در

[1]) P. بسلطان [2]) B. السنه [3]) Id. بکزارد [4]) B. در

دامن استیمان زده از شهر بیرون آمد وسلطان سمرقندرا بیکی از غلامان داده اورا همراه خویش بخراسان برد وبعد از چند گاه بر سر رضا آمده باز دیگر حکومت آن مملکت تعلق بمحمد سلیمان گرفت وسلطان اکثر ممالک پدرش[1] در حیطهٔ ضبط وتصرف آورده خوارزمرا به اتسز بن محمد بن نوشتگین غرچه داد ومیان او وسلطان منازعات واقع شد چنانچه بعضی ازان در قضایای خوارزمشاهیان رقم زدهٔ کلک بیان خواهد گشت انشا الله تعالی ومملکت سیستان وزابلستانرا[2] بتاج الدین ابو الفضل ارزانی داشت واو در شجاعت ومردانگی وکیاست وفرزانگی نظیر وعدیل نداشت ودر رای ورویت وحرب ومقاتلت اعتماد شاه وسپاه بر وی بود ❊

فصل ۱۹

ذکر رفتن سلطان سنجر بجانب ما وراء النهر ومصاف دادن با قراختای وانهزام یافتن از ایشان ومراجعت آنحضرت بخراسان

چون معظم معمورهٔ عالم در تحت تصرف سلطان سنجر آمد ملوک اطراف وگردنکشان آفاق سر بر

---

[1]) B. پدررا [2]) P. om. را

خط حکم او نهادند وفرمان او در شرق وغرب عالم
نفاذ یافت امرا وارکان دولت از فسحت مملکت
وکثرت نعمت باد غرور وپندار بدماغ خود راه داده
بی رسمیهای تمام [1] بنیاد کردند ودر خلال این احوال
بسببی از اسباب سلطان سنجر عازم سمرقند شد
ودران اوان حاکم سمرقند [2] احمد خان بود که دوازده
هزار بندهٔ درم خریده داشت ومرض فلج بر وی
مستولی شده بود واحمد خان چون شنید که سلطان
متوجه آنجاست بمرمت برج وبارهٔ [3] سمرقند مشغول
شده دران شهر متحصن گشت وبعد از شش ماه که
سلطان سنجر اورا محاصره کرد بتنگ آمده حصار
سپرد وخدمتش را [4] در محفه پیش سلطان آوردند
دهانش کژ شده بود ولعاب ازان میرفت چنانچه
قوت تکلم نداشت سلطان برقم عزل بر صفحهٔ حال
احمد خان کشیده حکومت آن دیار را [5] به پسرش
نصر خان ارزانی داشت وقراختای که در نواحی
سمرقند یورت [6] داشتند واز تحکمات امرای
سنجری بستوه آمده بودند درین اوقات خوف جلا

1) P. بی رسمیها 2) B. ما وراء النهر 3) Id. om. برج وبارهٔ
4) P. وخدمتش 5) Id. دیار 6) B. یورش false; یورت
est vox turcica significans *possessio*, *dominium*.

علاوهٔ [1] آن گشت ومنشاء این قضیه آنکه خواص سلطان بنابر اعراض فاسد خویش [2] معروض داشتند که فراختنای مکنت وحشمت تمام پیدا کرده اند اگر در دفع ایشان ازین ولایت اهمالی وتکاسلی [3] رود مبادا که فتنه متولد گردد که تسکین آن نتوان داد این سخن در خاطر سلطان جایگیر آمده حکم فرمود تا چهارپایان آنجماعت را برانند وایشان زبان بتضرع وزاری کشاده با امرا گفتند که ما پنجهزار شتر وده [4] هزار گوسفند بطیب نفس میدهیم مشروط بآنکه [5] سلطان بر سر عنایت آید امرا راضی شده رؤسای این قوم دران اثنا گریخته به اردوی گورخان که از سلاطین ترکستان بمزید شوکت امتیاز داشت رفتند [6] وبعرض او رسانیدند که پادشاه خراسان مسن ومبهوت شده وحکم ممالک بکودکان وغلامان تعلق گرفته وبتقریر امثال این کلمات گورخان را [7] بمحاربهٔ سلطان وتسخیر بلاد خراسان وما وراء النهر ترغیب وتحریص نمودند وگورخان لشکری سنگین فراهم آورده متوجه حرب [8]

---

[1] B. دزین ولا خوف حلاوهٔ mendose. [2] Id. فاسدهٔ
[3] B. اهمال وتکاسل [4] Id. اسب وپنج [5] P. آنکه
[6] B. رفت [7] P. om. را [8] B. om حرب

سلطان شد وخراسانیان با وجود[1] عدم اتفاق سر خیال داشتند که صد چون گورخان طاقت مقاومت ایشان ندارند وندانستند که غرور وپندار موجب خسران ومستلزم خسارست چون تلاقی فئتین دست داد سپاه مخالفان که از حیز تعداد بیرون بود اطراف وجوانب سلطان احاطه نمود آتش قتال زبانه زدن گرفت وشکستگی[2] فاحش باهل اسلام راه یافته سی هزار کس دران معرکه بشهادت رسیدند[3] وسلطان سنجر دران مصاف متحیر مانده زیرا که نه راه گریز بود ونه مجال آویز[4] عاقبت ملک[5] تاج الدین ابو الفضل گفت که ای خداوند عهد جهد باید کرد تا[6] ازین معرکه بیرون رویم که محل ثبات وقرار نیست وسلطان با سیصد سوار نامدار بر صفوف کفار زده با ده پانزده کس جان بکنار کشیده بحصار ترمد آمد وبقیة السیف مجروح وبدحال به او پیوستند فرید الدین کاتب درین واقعه گوید   بیت[7]

شاها زسنان تو جهانی شد راست

---

[1]) B. وخراسانیان‌را وجود male. [2]) P. وشکستنی

[3]) B. رسید [4]) P. گریز ومجال آویز بود [5]) B. om. ملک [6]) P. که [7]) Metr. هزج

تیغ تو چهل سال زاعدا کین خواست
گر چشم بدی رسید آن هم زقضاست
آنکس که بیک حال بماندست خداست

دران جنگ ده هزار کس از معارف[1] لشکر سلطان بقتل آمدند[2] وترکان خاتون منکوحهٔ آنحضرت با جمعی از مشاهیر امرا اسیر ودستگیر کردند چون سلطان روی بهزیمت نهاد تاج الدین ابو الفضل ملک نیمروز در قلب لشکر بجای سلطان بایستاد وجنکهای مردانه کرد[3] بمرتبهٔ که مخالفان از وفور جلادت[4] او متعجب کشتند وعاقبت ملکرا کرفته نزد خان بردند وخان اورا ندیم وحریف خویش کردانید وبعد از سالی در رکاب مهد علیا ومصاحبت سایر اسیران بایران رخصت مراجعت یافت[5] وازین شکست رفع وشکوه سلطان در ضمایر نقصان یافت وهرچه مدة العمر اندوخته بود تلف شد وبعد از مدتی سلطان بجانب عراق رفته مسعود سلجوقی که مالک آن ممالک وبرادرزادهاش بود بخدمت عم پیوست ودر اثنای این اوقات بهرام شاه غزنوی خبر استیلای خویش بر غوریان ودر سوری شهزادهٔ ایشان[6] وخبر

---

[1]) B. add. اصحاب [2]) Id. رسید [3]) P. کرده
[4]) B. جلالت [5]) P. ارزانی داشت [6]) B. شاهزادهٔ آن دیار

مرثی سام بسلطان اسلام فرستاد فخر[1] الدین خالد
مروی درین باب گوید   رباعی[2]

آنها که[3] بخدمتت نفاق آورند
سرمایهٔ عمر خویش طاق آورند
دور از سر تو سام پسر سام بمرد
واینک[4] سر سوری بعراق آورند

وسلطان باندک فرصتی از ری روان گشته بخراسان آمد ودر خلال این احوال علاء الدین حسین جهانسوز غوری خروج کرده بانتقام برادر خویش[5] سوری از غور روی بغزنین نهاد وبهرام شاه هزیمت کرده غزنین را[6] فتح نمود ولشکر بسیار در ظل رایت او مجتمع گشتند وامیر علی چتری که سلطان سنجر اورا از درجهٔ مسخرگی بمرتبهٔ امارت رسانیده بود حقوق نعمت فراموش کرده وبا حاکم[7] غور متفق شده باعلان کلمهٔ عصیان مباشرت نمود وعلاء الدین حسین لشکر سنگین از غزنین وقندهار وگرمسیر وجبال غور مرتب ساخته روی بخراسان نهاد وسلطان سنجر بدفع شر او حرکت فرموده در حدود اوبه هر

---

1) B. وفخر 2) P. om. رباعی Metr. هزج 3) P. om. که 4) B. ونیبک 5) Id. خون 6) P. غزنین 7) B. وبحاکم

دو لشکر بهم رسیدند ومخالفان هرچند روز جنک برای ابقای نام وننک کوشیدند مفید نیفتاد وعلاء الدین حسین وعلی چتری بذل اسیری گرفتار گشتند سپاهشان[1] منهزم شد وسلطان ملک علاء الدین را بخواجهٔ مثقال سپرد وبر سایر اسیران غور ترحم نمود اما حکم کرد تا[2] علی چتری را در زیر علم بدو نیم زدند ازین فتح مبین بار دیگر حشمت وهیبت سلطان روی زمین در خاطر خواص وعوام قرار یافت وکار مملکت بتجدید رونق وطراوت گرفت ملوک اطراف واساطین سلاطین بارسال رسل ورسایل بخدمت آن شهریار نیکو اعتقاد تقرب وتوسل جستند وعلاء الدین حسین هرچند پادشاهی[3] قهار منتقم بود اما ظریف وشیرین سخن وخداوند نظم ونثر بود وسلطان بنابرین اورا جلیس وهمنشین خویش گردانید روزی در مجلس عالی طبقی مشحون بدرر[4] نفیس حاضر آوردند سلطان آنرا بملک غور بخشید واو فی الحال این رباعی انشا کرده معروض داشت رباعی[5]

بگرفت ونکشت شه مرا در صف کین
هرچند بدم کشتنی از روی یقین

---

[1] P. سپاه [2] B. نمونه حکم کرد که [3] Id. پادشاه
[4] B. بدر [5] P. بیت Metr. هزج

وانکه بطبق میدهدم در زمین
بخشایش وبخششم چنان کرد وچنین

عاقبت سلطان پرتو اهتمام بر حال علاء الدین حسین جهانسوز[1]) افکنده ملک غور[2]) ومضافات آنرا به او داد وشرح حال علاء الدین حسین در ضمن قضایای ملوک آن سرزمین از مساعدت وقت ماموِلست ❊

فصل ۳۰

ذکر گرفتاری سلطان سنجر بدست غزان ومآل حال آن خسرو وگیتی ستان

ترکمانان غز قریب بچهل هزار خانه دار[3]) بودند ودر ولایت ختلان وچغانیان ونواحی بلخ یورت ومغام داشتند وهر سال بیست وچهار هزار گوسفند کسیمه[4]) ایشان بود که بمطبخ سلطان رسانیده در مهاد امن وامان روزگار میگذرانیدند واز قبل خوانسالار در وقت مقرر معهود در هر سالی[5]) کسی رفته اغنام

---

[1]) B. om. جهانسوز [2]) Id. ملک او [3]) P. خانهوار
[4]) Uterque cod. کسبیم aut کیسم Recepi کسیمه ex coniectura, quod est vocab. turcicum significans *lytrum pactum et stabilitum* vid. Meninsk. lex. s. v. [5]) B. om. در هر سال

قبض کردی نوبتی شخصی به این مهم نامزد شده
بمیان غزان رفت وآغاز تعدی وتحکم کرده بر غث
وسمین [1] گوسفندان مناقشه ومبالغهٔ بسیار نمود
وسفاهت بی‌اندازه ازوی صدور یافت جمعی از امرای
با حشمت وتمیز که پیشوا ومقتدای [2] آن طایفه
بودند تحمل اهانت ومذلت نیاورده محصل‌را در
خفیه هلاک کردند واز ادای خراج سر باز زده قدم
در دایرهٔ طغیان نهادند وخوانسالار از بیم مدتی
صورت حال از سلطان پنهان داشته گوسفندان شیلان
از خاصهٔ خویش سرانجام می نمود [3] چون امیر
قماج والی بلخ بمرو آمد خوانسالار کیفیهٔ واقعه با
او در میان نهاد امیر قماج در وقت عرض مهمات
معروض داشت که استیلای غزان بر ولایت از حد
اعتدال تجاوز نموده حرکات ناموزون آنجماعت
بمرتبهٔ افراط رسیده ویورت آن طایفه ببلخ نزدیکست
اگر خداوند عالم شحنگی آنجماعت به بنده ارزانی
دارد من آن قوم متهوررا مقهور وزبون گردانم وهر
سال سی هزار گوسفند بمطبخ رسانم سلطان ملتمس
قماج‌را باجابت مقرون گردانیده فرمان داد تا درآن

[1]) B. وثمین mendose. [2]) Id. پیشوای مقتدای [3]) B. می نمودند

باب مثال نوشتند وقماج چون به [1] بقیة الاسلام بلخ مراجعت نمود یکی از خواص خودرا پیش ایشان بشحنگی فرستاد وگوسفندان باقیرا طلب داشت غزان گفتند که ما بندگان خاص سلطانیم وبغیر ازو هیچکس حاکم خود نمیدانیم وباهانت واستهزای عام فرستادهٔ امیر قماجرا از میان خود بیرون کردند وقماج ازین معنی تافته شده با پسر خود ملك الشرف روی بمحاربهٔ ایشان نهادند ودر جنگ هر دو [2] کشته شدند حمد الله مستوفی گوید که چون فرستادهٔ قماج مایوس از غورت غزان مراجعت نمود قماج پسر خویشرا بدانجا [3] فرستاد تا غزانرا در مقام متابعت آورد وایشان همچنان بر طغیان اصرار نمودند واو عاقبت خود بر سبیل شکار به آن حدود رفت ارباب عصیان چون پدر وپسررا به یکجا دیدند در قتل آن دو بیگناه اهمال وامهال جایز نداشتند چون خبر این واقعه بمرو رسید [4] ارکان دولت واعیان حضرت با سلطان گفتند که دست درازی این مشت مفسد بنهایت انجامید در ناموس سلطنت روا نباشد که پادشاه اسلام ازین قوم نمك بحرام انتقام

[1]) B. om. به [2]) هر دو deest in cod. P. [3]) B. بدانجانب [4]) P. رسیده

نکشد واین حرکترا خرد نباید شمرد ودر تادیب زمرهٔ عصات تاخیر جایز نباید داشت والا جسارت ایشان زیاده شود ومهم ملک ودین اختلال پذیرد سلطان[1]) رای امرا مقرون بصواب شمرده[2]) خواست که بر سمت بلخ روان شود وخبر توجهٔ پادشاه عالم پناه بسمع غزان رسیده اندیشناک گشتند ورسولی چرب زبان بپایهٔ سریر سلطنت مصیر فرستاده معروض داشتند که ما پیوسته در جادهٔ عبودیت[3]) ثابت قدم بوده ایم وبر موجب[4]) حکم وفرمان خداوند عالم عمل نموده چون قماج و پسرش قصد مال وعرض ما کردند ما بجهت حفظ اموال وعیال واطفال بممانعت بر خاستیم وایشان از قضای آلهی در معرکه کشته شدند اکنون بغرامت صد هزار دینار وصد غلام ختائی ماه طلعت زهره جبین میدهیم که اگر هریک[5]) از ایشان منظور نظر پادشاه روی زمین گردد صد چون قماج شود[6]) سلطان چون عجز وبیچارگی مجرمان مشاهده فرمود خواست که آبی بر آتش خشم زند ومامول غزان باسعاف مقرون گرداند اما

---

[1]) B. سلطانرا [2]) Id. نموده [3]) B. برجادهٔ اطاعت
[4]) Id. وبموجب [5]) B. یکی [6]) In eod. cod. desunt verba صد چون قماج شود male.

امرا ازین معنی امتناع نموده عرضه داشتند که اگر درین امر تساهل وتکاسل رود فتنه روی نماید که بفساد ملک وملت منجر گردد عاقبت سلطان بنابر صوابدید سران سپاه روی بمنازل غزان نهاد وبعد از قطع مسالک ناهموار چون [1] نزدیک بمنازل آن اشرار رسید غزان زنان وفرزندان در پیش رانده تضرع وزاری آغاز کردند وگفتند که اگر سلطان از سر جریمهٔ ما در گذرد از هر خانهٔ یکمن نقره با آنچه سابقا متقبل شده ایم [2] منضم گردانیم سلطان ترحم نمود شعر[3]

خواست تا از مصاف کردد غز
مرکب خویش‌را عنان تابد

وچون دولت بنهایت انجامیده بود امیر موید بزرگ وبرنقش مروزی دست در عنان تکاور سلطان سنجر زده گفتند که بی تادیب این مفسدان بهیچ وجه مصلحت مراجعت نیست چه [4] این صورت بر عجز وضعف سلطان محمول شود وپادشاه بنابر استصواب امرا در معرکه توقف نمود وامرا از مضمون این مقال

---

[1]) P. om. چون [2]) Id. سابقا گفته ایم [3]) B. نموده P. om. شعر Metr. خفیف [4]) B. alio ordine مراجعت بهیچ وجه مصلحت نیست که

غافل ماندند که بیت [1]

بر ایشان میاور زبیچارگی
که جانرا بکوشند یکبارگی

قوم غز چون از عنایت سنجری [2] نا امید شدند دل از جان بر [3] گرفته قتال آغاز نهادند واکثر اعیان لشکر بواسطهٔ آنکه با امیر موید وبرنغش صفائی نداشتند در محاربه تهاون وسستی نمودند ودر همان لحظه سلطان ولشکر راه انهزام پیش گرفتند ومخالفان تعاقب گریختگان کرده خلقی کثیررا [4] هلاک ساختند ویکی از حواشی بساط جلالت مناط که [5] با سلطان از روی ظاهر مشابهتی داشت بدست غزان افتاده بتصور آنکه پادشاهست سرداران غز پیش او زمین خدمت ببوسیدند وبر تختش نشانده مراسم احترام بجای آوردند واو هرچند میگفت که من سلطان نیستم باور نمیکردند عاقبت شخصی ازان قوم اورا بشناخت وگفت این مرد مطبخی زادهٔ سلطانست وغزان از تختش فرود آورده وانبانی پر آرد از گردنش [6] آویخته از خیل خود [7] براندند

---

[1]) P. om. که Metr. متقارب [2]) Id. خسروی [3]) P. om. بر [4]) B. کثیر [5]) P. om. که B. مناب [6]) B. بگردنش [7]) Id. خویش

واز عقب سلطان بتعجیل شتافته اورا بدست آوردند وبر سریرش نشانده شرط زمین بوس بجای آوردند وبر رکاب عالی شهریاری [1] روی بمرو نهادند وآن شهر مشحون بود بخزاین ودفاین ونفایس اقمشه ولطایف امتعه ومردم متمول دران بلده چندان اقامت داشتند که محاسب وهم از وصول بسرحد عد [2] واحصای آن عاجز بود واز زمان چغربگ تا آن غایت ساکنان خطهٔ مرو در مهاد امن [3] وراحت واستراحت می غنودند وچون غزان کافر منش بر شهری چنان معمور که از مبدای آفرینش تا آنزمان [4] قریب به آن کس نشان نمیداد استیلا یافتند دست بنهب وغارت بر آوردند وسه شبانروز بتاراج مشغول شده آنچه در ظاهر بود ربودند وبعد ازان خلقرا در تعذیب شکنجه کشیده طلب مخفیات ودفاین کردند تا در روی وزیر زمین هیچ نگذاشتند وچون خاطر نامبارکشان از مهم مرو فراغت یافت در خدمت سلطان عنان بصوب نیشابور منعطف گردانیدند ومردم آن بلدهٔ طیبه در اول واقعه حرکت المذبوحین کرد وجمعی از مخالفانرا بقتل آوردند وعاقبت مغلوب

---

[1]) B. شهریار [2]) P. om. عد [3]) B. om. امن [4]) تا آنزمان deest in cod. P.

گشته پناه بمسجد جامع بردند وکفره وفجرهٔ غز در مسجد فرو[1] ریخته بر مرد وزن وپیر وجوان ومذنب وتایب ابقا نکردند وجویهای خون که هریک از آنها به جیحون در مساوات میزد در صحن[2] آنموضع متبرک روان شد وچون خسرو خاور بر سر روز برگشتگان اهل[3] مغرب تاخت بمسجد رفیع دیگر که خلقی در آنجا مجتمع شده بودند رفتند وآتش در ستونهای منقش مذهب مدهون آن مسجد زدند وشعلهای[4] نار چنان بالا گرفت که شهر ازان روشن شد وتا روز آن مخاذیل بر روشنائی ستونهای مسجد بقتل وغارت واسرار[5] اشتغال می نمودند وچون در روی زمین چیزی نماند بسفتن دیوارها وتفتیش نهانخانها مشغول شدند وبخاک ونمک اسیرانرا شکنجه کرده آن[6] دو جنس نفیس در بینی ودهان ایشان ریخته طلب مخزونات ومدفونات می نمودند علما ومشایخ واکابر خراسان بتعذیب آن ملاعین گرفتار شده درجهٔ شهادت یافتند ازان جمله محمد بن یحیی که فاضلی متقی وعالمی

---

1) B. om. فرو 2) Id. om. صحن 3) اهل deest in cod. B. 4) P. وشعلهٔ 5) B. واسیر male. 6) Id. می کردند وآن

متورع بود بشکنجهٔ خاك هلاك کردند خاقانی در شان او گوید نظم[1]

در ملت محمد مرسل نداشت کس
فاضلتر از محمد یحیی فنای خاك
آن کرد شاه تهلکه دندان فدای سنگ
وین کرد روز قتل دهانرا فدای خاك

القصه در همه خراسان موضعی نماند که از ظلم غزان خراب نشد وسلطان قریب چهار سال در میان ایشان گرفتار بود واز بیم آنکه حرمش[2] ترکان خاتون در دست مخالفان ماند تدبیر استخلاص نمیکرد وچون در سنه احدی وخمسین وخمسمایه حرم محترم سلطان وفات یافت سلطان اندیشهٔ مخلص نموده امیری که بمحافظت او موسوم بود بفریفت تا اورا بشکار برد چون شکار کنان بکنار جیحون رسیدند امیر احمد قماج که سفاین مرتب کرده[3] انتظار میکشید چون فرصت یافت سلطانرا از میان ایشان بربوده در کشتی نشاند واز آب عبور نمود چون غیبت سلطان امتداد یافت امرای غز بر اسبان باد رفتار سوار شده بر اثر او شتافتند وبر کنار آب رسیده صورت حال معلوم

---

[1]) P. بیت Metr. مضارع [2]) B. حرم سلطان [3]) P. کردانیده

کردند خایب وخاسر باز گشتند وسلطان در حوالی جیحون چندان توقف نمود که پراکندگان لشکر در ظل رایت نصرت آیت او مجتمع گشتند آنگاه روی بدار الملک خود نهاد چون بمرو رسید خزانه تهی وولایت خراب ورعیت منتشر یافت غم واندوه بر مزاج شریفش استیلا یافته بمرضی سرایت کرد که آخر امراض بود ودر سادس عشرین ربیع الاول سنه اثنین وخمسین وخمسمایه از دار غرور بسرای سرور انتقال فرمود ولادت آنحضرت در سنجار[1] شام در سنه تسع وسبعین واربعمایه اتفاق افتاده بود از اینجهت[2] سلطان ملکشاه اورا سنجر نام نهاد وهفتاد ودو[3] سال واند ماه[4] عمر داشت بیست سال از قبل برادران خود برکیارق ومحمد در خراسان حکومت کرد وچهل ویکسال به استقلال در اکثر معمورهٔ جهان پنج نوبت سلطنت زد گندم گون ومحاسن طویل عریض داشت تمام هیکل ونیکو صورت بود آثار مرحمت وعاطفت بر چهرهٔ او لایح وظاهر وانوار عدل[5] ونصفت از ناصیهٔ او ساطع ولامع

[1]) B. بسنجار آنجناب [2]) Id. آنجهت [3]) P. دو
[4]) Id. om. واند ماه male, ut videtur, quum et *Lubb-ut-tewarich* vitae annis addat octo menses. [5]) B. عدالت

بود بقبول [1] قلوب وميلان طبايع [2] از شهرياران واجب الاتباع تفرد وامتياز داشت وبعد از وفات سلطان خواهرزاده‌اش محمود خان بن محمد خان که از جانب پدر نسبش ببغراخان منتهی میشد بحکومت خراسان اشتغال نمود وچون مدت پنج سال وشش ماه از حکومت او منقضی گشت یکی از خواص سلطان سنجر بر وی خروج کرده اورا در نیشابور [3] میل کشیده وبعد ازان بعضی [4] از ولایات خراسان بدیوان خوارزمشاهیان تعلق گرفت وبر برخی ازان دیار غوریان حاکم شدند اکنون عنان کمیت خوشخرام قلم بتحریر احوال طایفهٔ از سلجوقیان که در عراق وغیر آن حکومت کرده اند انعطاف می باید ومنه التوفیق وعلیه التکلان ❁

فصل ۲۱

ذکر سلطنت محمود بن محمد بن سلطان ملکشاه

سلطان محمود پادشاهی بود زیبا صورت نیکو سیرت لطیف طبع وشیرین سخن طالعی مسعود

---

[1]) B. وقبول [2]) Id. طباع [3]) P. alio ordine خروج کرده بـــر وی در نیشابور اورا [4]) B. om. وبعضی بعد ازان

وکرداری[1] محمود داشت جمع وخرج ممالک بقلم او محفوظ ومضبوط[2] بود مسترشد خلیفه اورا سلطان مغیث الدین محمود[3] یمین امیر المومنین لقب داد بدو دختر داماد عم خود سلطان سنجر شد واز هریکی حق تعالی اورا پسری کرامت فرمود وبطیور شکاری وکلاب معلم شره وولوعی تمام داشت چهار صد شکاری داشت با قلادهای مرصع وجلهای زر بفت بعد از وفات[4] پدر در سنه احدی وعشر وخمسمایه در عراق عرب بر مسند سلطنت[5] نشست وعمش سلطان سنجر بآنجانب رفت وبا وی محاربه نموده او[6] منهزم گشت وبعد ازان از وی خشنود گشت چنانچه شمهٔ ازین قضیه سمت گزارش یافت سلطان سنجر یکی دختر خود ملکه خاتون بوی داد وچون ملکه در گذشت دختر دیگررا با او در سلک ازدواج کشید نوبتی میان سلطان محمود ومسترشد خلیفه وحشتی بدید آمده محمود[7] بغدادرا محاصره نمود وبران ملک مستولی گشت آنگاه از سر اقتدار با خلیفه صلح کرده در مقام عذر خواهی آمد وبرادرش سلطان

---

[1]) B. محظوظ ومسبوط [2]) Id. طالع مسعود وکردار

[3]) P. om. محمود [4]) Id. om. وفات [5]) B. حکومت

[6]) P. om. او [7]) Id. om. محمود

مسعود در سنه اربع وعشر وخمسمایه در ظاهر همدان
با او مصاف داده منهزم بجرجان رفت ودر صفر سنه
خمس وعشر بری آمده اتابک شیرگیر وجمعی دیگر
از امرا به او پیوستند وبا سلطان محمود[1] جنگ
کرده منهزم بدینور رفتند ودر بعضی از تواریخ
مسطورست که چون سلطان مسعود از معرکهٔ براسر
گریزان شد یکی از قایدان در عقبش شتافته اورا
گرفته[2] پیش سلطان محمود آورد سلطان خلعتیرا
که سلطان سنجر بوی داده بود در مسعود پوشانیده
فرمان داد تا لشکریان آنچه از[3] رخوت واقمشه
واسلحهٔ مسعود غارت کرده بودند تسلیم او نمودند
وسلطان محمود اکثر اوقات در سرای زنان نشستی
وبا ایشان الفت واستیناس تمام داشتی وبیشتر مهمات
رجوع[4] بخادمان حرم سرا کردی لا جرم خدام او
بدرجات امرای با احتشام رسیدند وبا آنکه معظم
اوقات بمباشرت[5] ومعاشرت مصروف داشتی از احوال
دیوان واسرار سپاه ودختر نیک با خبر بودی وگاه
وبیگاه دفتر روزنامچه ودستور اوارچه از مستوفی

---

[1]) B. om. محمود [2]) Id. om. اورا گرفته [3]) P. تا آنچه از لشکریان از [4]) Id. ورجوع بیشتر مهمات
[5]) P. مباشرت male

بخواستی واز عارض اوراق عرض حشم وتوجیهات[1] مرسومات لشکریان طلب فرمودی وکمیت وظایف وروایت ساکنان درگاه وملازمان بارگاهرا کما یجب وینبغی دانستی وچون اختلاط وامتزاج او با نسوان از مرتبهٔ اعتدال تجاوز کرد قوای طبیعی روی در نقصان نهاده علل متضاده بر بدن استیلا یافت وصاحب[2] فراش گشت تا[3] در پانزدهم شوال سنه خمس وعشرین وخمسمایه در نفس شهر همدان بروضهٔ رضوان خرامید مدت سلطنتش چهار ده سال بود وزمان حیاتش بیست وهفت سال ☼

فصل ٢٢

ذکر سلطنت طغرل بن محمد بن ملکشاه

بعد از رحلت برادر باشارت عم خویش سلطان سنجر بر سریر ایالت عراق متمکن گشت واو پادشاهی بود بعدل وسیاست موصوف وبکرم وشجاعت معروف حیا ومروت بر[4] ذاتش غالب واز ملاهی ومناهی محترز ومجتنب چون محمود بن محمد بن ملکشاه وفات یافت وزیرش قوام الدین ناصر بن علی سپاهرا

[1]) B. وتوجهات [2]) P. یافته صاحب [3]) B. گشته
[4]) P. در

به بیعت پسر محمود داود دعوت کرد اما بجائی نرسید چه سلطان سنجر مایل بتربیت طغرل شد واو در ایام سلطنت خویش با برادر خود مسعود محاربات کرده گاهی غلبه طغرل را بود وگاهی مسعود را دولت او مانند دوران گل امتدادی[1] نیافت زیراکه چون سه سال از مبدا حکومتش بگذشت در محرم سنه تسع وعشرین وخمسمایه بهمدان آفتاب عمرش منکسف وماه جاهش منخسف شده آهنگ قصور جنان کرد بیت

چرخ از دهنش نواله در خاک انداخت
دولت قدحش پیش لب آورد وبریخت[2]

بیست وپنج مرحله از مراحل زندگانی طی کرده بود ☼

فصل ۲۳

ذکر سلطنت مسعود بن محمد بن ملکشاه

سلطان مسعود سرآمد سلاطین عجم وقدوت پادشاهان امم بود تخت وافسر ازوی زیب وزینت گرفت وملک وملت[3] از وجود[4] او رونق وطراوت پذیرفت در فتوة ومروة با فریدون دم از اخوت زدی

---

[1]) B. امتداد [2]) Id. بریخت Metr. هزج [3]) P. ملک ودولت [4]) B. از جود

ودر سخاوت وکرم با حاتم طی دعوی مساهمت کردی احیای مراسم خیرات معن ومبرات یحیی برمک[1] اورا میسر شد واقتدا بمراسم مآثر اسکندر ومکرمات کسری اورا دست داد بیت[2]

آنکه گنجی بیک سوال بداد

وانکه ملکی بیک سوار گرفت

بحملهٔ سپاهی شکستی وبصدمهٔ لشکری متفرق ساختی پیوسته حاصل مملکت بر ملازمان عتبهٔ علیا قسمت فرمودی ودر جمع وانخار[3] جد وجهد ننمودی اکثر اوقات مخزن او از نقود وحلی وجواهر ولآلی خالی بودی وآنچه عمال از مال مغربی بخزانهٔ عامره فرستادندی در بارگاه عالی باداني واعالی بخشیدی با زمرهٔ درویشان وگوشه نشینان انس والفتی عظیم داشتی ومضمون انا عند المنکسرة قلوبهم را منظور داشته با شکستگان تلطف نمودی ودر وقت وفات سلطان طغرل برادرش مسعود در بغداد بود وپسرش محمود داود در تبریز بعضی از امرا مسرعی بدار السلام فرستاده سلطان مسعودرا طلب داشتند وبرخی از ایشان ایلچی به تبریز روان کردند تا داود

---

[1]) B. om. برمک [2]) Metr. خفیف [3]) B. بجمع انخام

بتعجیل توجه نماید سلطان مسعود بر داود سبقت نموده ناگاه بهمدان رسید وفرقهٔ از امرا بطوع ورغبت بکره شرف دستبوس حاصل کردند ومسعود روز دیگر بر تخت سلطنت نشسته بار عام داد[1] وچون بعد از موت طغرل پسرش[2] محمود داود واتابک داود قراسنقر رسول پیش المسترشد بالله فرستاده پیغام داده بودند[3] که اگر امیر المومنین بعزم تسخیر عراق عجم وخراسان توجه نماید ما بندگان در خدمت کمر بسته دران باب شرط جان سپاری بجای آریم مسترشدرا هوس جهانگیری دامن گیر شده بتجهیز سپاه اشتغال نموده در ساعتی غیر مسعود از بغداد بیرون آمد[4] چون از اسد آباد گذشته بمرحلهٔ پنج انگشت نزول فرمود منهیان خبر آوردند که جای توقف نیست که مسعود رسید ومسترشد بتسویهٔ صفوف قیام نموده فریقین بهم پیوسته آغاز محاربه کردند ومسترشد در معرکه گرفتار شده بعد از چند روز بزخم فداییان اسمعیلیه کشته شد چنانچه ذکر آن گذشت چون این خبر به پسرش راشد رسید لشکری[5] عظیم فراهم آورده به نیت انتقام

---

[1] B. در داد [2] P. پسر [3] Id. دادند [4] B. آمده
[5] B. لشکر

روی بعراق نهاد ومسعود از راه دیگر متوجه بغداد شد، چون راشد بحوالی اصفهان نزدیک[1] رسید مردم آن دیار در مخالفت او اتفاق نموده دروازها بر کشیدند وراشد از دست ساقی اجل در اصفهان همان شربت که پدرش تجرع کرده بود چشید وشمهٔ ازین قضیه نیز در دفتر سیوم مذکور گشته بعد[2] از قتل راشد سلطان مسعود المتقی بالله برادر اورا بر سریر خلافت نشانده از دار السلام بیرون آمده در همدان[3] نزول فرمود شنید که طایفهٔ از امرا با برسق که یکی از عظمای دولت بود هم سوکند شده سر مخالفت دارند واکنون در فلان مرغزار خیمه وخرگاه زده بجانغی[4] مشغولند سلطان در نیم شب سوار شده بتعجیل براند وبهنگام استوا که ایشان باستراحت وفراغ بال سر بر بالین نهاده بودند آنجا رسید[5] ودر خیمهٔ امیری فرود آمده[6] امرا چون از آمدن پادشاه خبر یافتند بخدمتش شتافتند وسلطان مسعود از کمال عاطفت ومرحمت رقم عفو واغماض بر جرایم آنجماعت کشید وهمه بجان امان یافته

---

1) P. om. نزدیک 2) B. گشت وبعد 3) Id. السلام مراجعت نمود وچون در بغداد 4) De voc. جانغی cf. p. ۸ not. 7. 5) P. رسیده 6) Id. آمد

ممنون گشتند وسلطان سال دیگر ببغداد رفته کمال الدین محمد خازن را که بوفور شهامت وکیاست وکفایت واطلاع بر دقایق امور دیوان ومملکت از ابنای زمان متفرد وممتاز بود بوزارت نصب فرمود واو بنابر[1]) اشفاقی که داشت رعایارا خشنود وخزانه را معمور گردانید[2]) وچون دران منصب متمکن گشت دعوی انا ولا غیری کرده با امرا التفات نمیکرد وحرمت ایشان نگاه نمیداشت امرا ازین معنی بتنگ آمده بسمع قراسنقر که بسمت تقدم موصوف بود رسانیدند که ما از اقوال وافعال این وزیر بجان رسیده ایم ودل از خان ومان بر گرفته وسلطان اعتماد کلی بر وی دارد ویوما فیوما مواد رفعت او بیش از بیش است اگر مهم او امتداد یابد کار بجائی رسد که تدارک نپذیرد وبیش ازین شیوهٔ حلم مرعی نتوان داشت

بیت[3])

اگر بزّ وباری زحد بگذرد
دلاور بسستی کمانی برد

قراسنقر این کلمات را بسمع رضا اصغا نموده منتهز فرصت شد ودر خلال این احوال بمسامع علیهٔ سلطان رسانیدند که والی فارس باد غرور وپندار بدماغ

[1]) P. om. او وبنابر [2]) P. گردانیده [3]) Metr. متقارب

خود راه داده طریق کفر وعصیان مسلوک میدارد چون حفظ ممالک ودفع شر دشمنان[1] از جملهٔ لوازم است سلطان امر[2] فرمود تا اتابک قراسنقر در رکاب برادرش سلجوقشاه متوجه شیراز گردد وگلزار آن دیاررا از خار[3] وخاشاک معاندان پیراسته سازد وتا[4] مشار الیه بر سریر مملکت فارس متمکن نگردد معاونت ننماید وبر موجب فرمان سلجوقشاه وقراسنقر از اردوی همایون بیرون آمدند قراسنقر در یکمنزل همدان[5] قرار گرفته پیغام داد که تا پادشاه سر وبست محمد خازن‌را بمن نفرستد محالست که قدمی پیشتر نهم ومی ترسم که اگر مسئول من مبذول نیفتد بداغ عصیان متسم گردم ودرین باب مبالغه والحاح قراسنقر بجائی رسید که سلطان مسعود از روی اضطرار سیاست وزیر اختیار فرمود وقراسنقر بعد از نیل مطلوب بجانب فارس رفت وشیرازرا مستخلص کرده سلجوقشاه تسلیم نمود وازانجا مراجعت کرده بعز بساط بوس سلطان فایز شد وبعد از اندک زمانی در آذربایجان فرمان یافت وچون قراسنقر در گذشت اتابک ایلدگز واتابک چاولی

---

1) B. مفسدان 2) P. om. امر 3) Id. بیار از خاک
4) P. پیراسته تا 5) B. یکمنزل سلطان

معتبر ومرجع[1]) شدند وسلطان مسعود مخلفهٔ برادر خود طغرل‌را بایلدگز داد وازو دو پسر متولد شدند قزل ارسلان ومحمد زمام حکومت اران وآذربایجان‌را در کف کفایت اتابک ایلدگز نهاد وبعد از رحلت سلجوقشاه از دنیا ولایت فارس‌را باتابک چاولی داد ❁

فصل ۲۴

ذکر قضیهٔ عباس والی ری وبیان عصیان وتمرد وی

چون مزاج شریف سلطان سنجر نسبت بعباس والی ری تغییر یافت[2]) ببرادر زادهٔ خویش[3]) مسعود پیغام داد که اورا بگیرد وسلطان مسعود ازین جهت روی بری نهاد وچون بحدود آن ولایت رسید عباس باستقبال روان شد وپیشکشهای لایق بربه خدمات پسندیده بجای آورد وسلطان آزار خاطر عباس مصلحت ندید لا جرم اورا بعواطف خسروانه اختصاص داده باز گشت وبنابر آنکه با خلیفه عهد ملاقات تازه کند متوجه بغداد گشت وعباس در غیبت آنحضرت بر عادت لئیمان کفران نعمت شعار خود ساخته سلیمانشاه برادر سلطانرا بغریغت تا کوس

---

[1]) P. مرجع [2]) P. رفت B. تغییر [3]) B. خود

مخالفت فرو گرفت [1]) وبا عبد الرحمن وبوزابه که داعیهٔ آن داشتند که محمد وملکشاه پسران محمود بن محمد بن سلطان ملکشاه که برادر زادگان سلطان مسعود بودند پادشاه سازند [2]) متفق شد وبعد از عهد وسوکند بر اعلان کلمهٔ عصیان مبادرة نموده سلطنترا بران دو پادشاه قرار دادند وایشان در ولایت اصفهان بر مسند فرمان‌دهی بنشستند چون سلطان مسعود ازین جرات وجسارت آگاهی یافت باحضار لشکرهای پراگنده حکم فرمود ومسرعان به تبریز فرستاد که اتابک ایلدگز نیز [3]) ساخته وآماده باشد وبنفس شریفش [4]) از بغداد بیرون آمده چون بحلوان رسید برفی عظیم بارید وسرما بمرتبهٔ [5]) اشتداد یافت که طیوررا مجال پریدن وآدمیرا قوت راه بریدن نبود [6]) بحکم الامور مرهونة [7]) باوقاتها سلطان آن یورشرا در توقف داشته بدار السلم معاودت نمود ودران زمستان که گرم روان دجله وفرات از

---

[1]) B. کوفت ut videtur, sed فرو گرفتن significat *vehementer, valde pulsare;* bene lexici Burh. qat. auctor فرو گرفتن زدن سختترا گویند [2]) P. سازد [3]) B. om. نیز [4]) P. خویش [5]) B. بالمرتبهٔ [6]) P. نداشت
[7]) Id. المامور رهونة mendose.

حرکات باز ایستاده بودند سلطان در بغداد رحل اقامت انداخته چون طلایع سپاه ربیع رایت باشارت [1] یحیی الارض بعد موتها بر افراخت وسباك فروردین سیم برفرا در مسام زمین بگداخت سلطان از بغداد متوجه تبریز گشت واتابك چاولی وجمعی کثیر از اشراف واعالی ملازم رکاب عالی بودند ودران ولا سلیمانشاه وعباس والی ری وعبد الرحمن وبوزابه با محمد وملکشاه در ناحیهٔ علم [2] از مضافات همدان با خیل وحشم وطبل وعلم انتظار آمدن سلطان می کشیدند تا مهم بر نهجی قرار یابد ولشکر سلطان از کثرت مخالفان اندیشناك شده در خوف وهراس شبها پاس میداشتند واز اتفاقات حسنه که دولت عبارت از آنست سلیمانشاه برادر سلطان در شبی که صباح آن وعدهٔ محاربه بود بی سببی ظاهر متوجه ری گشت وعباس نیز بعد از رفتن او روی بدان صوب نهاد وبوزابه چون عقد آن جمعیت گسیخته دید با محمد وملکشاه بطرف اصفهان روان شد وسلطان از تفرق اهل عدوان وطغیان [3] آگاه شده از عقب برادر بجانب ری نهضت فرمود وبدان حدود

---

[1]) Sic scripsi pro بشارت cod. B.; in cod. P. deest hoc. vocab. [2]) P. اعلم male. [3]) B. om. وطغیان

رسیده سلیمانشاه دانست که رایت نصرت آیت نزدیکست اعتماد بر کرم شهریاری کرده باردوی همایون پیوست وملازم بارگاه فلک اشتباه شد اما نحوست طالع سلیمانشاه امرارا بران داشت که با سلطان گفتند که برادررا مطلق العنان گذاشتن از مصلحت دور می نماید مبادا که [1]) با فساد مفسدان از جادهٔ اطاعت وانقیاد منحرف گردد واین نصیحت موثر افتاده سلیمانشاهرا در حجرهٔ که قرارگاه او بود موقوف ومحبوس کردانید وهم دران ایام بیکی از قلاعش فرستاده آن بیچاره مدتهای مدید در غرقاب حسرت وگرداب حیرت بماند ودران اوان که سلطان خاصبگرا که شمهٔ از حال او معروض [2]) خواهد گشت انشاء الله منظور نظر عنایت ساخته روز بروز آثار تلطف وتفقد سلطانی در بارهٔ مشار الیه سمت ازدیاد می پذیرفت تا محسود امرا وارکان دولت گشته ایشان با چاولی که دوم سلطان بود شکایتها [3]) کردند ودر گرفتن خاصبگ رضای او بدست آورند وسلطان ازین سگالش آگاهی یافته بچاولی پیغام داد که من ترا جهت دفع دشمن تربیت نموده امیر الامرا ساختم اکنون میشنوم که قصد بر کشیدهٔ [4]) من میکنی

[1]) B. om. که [2]) Id. مسطور [3]) B. شکایت [4]) بر

این صورت از وفور تمییز وکمال درایت تو بس بدیع وبعید می نماید چاولی بترسید وده هزار دینار بخواجه یاقوت که ملازم قدیم درگاه بود فرستاد تا رضای سلطان بدست آرد وخواجه بمعانیء دلپذیر تمسک جسته سلطانرا ¹) از چاولی خشنود گردانید ²) وخاصبکرا پیش چاولی فرستاد تا با او گوی بازد وشمهٔ از چابکسواری خود بوی نماید وچاولی بداند ³) که این همه تربیت بی جهتی ⁴) نیست وچاولی چون اسب تاختن وگوی باختن خاصبک مشاهده نمود انگشت تفکر بدندان تحیر گرفته گفت بیت ⁵)

نزاد مثل تو از مادر زمانه سوار
سبک عنان وگران گرز وآهنین اندام
شگرف قامت وشیر افکن وگران بازو
رفیع همت وکوته ید ودراز حسام

واورا بفرزندی قبول کرده خلعت داد وتنسوقات بیکران نزد سلطان فرستاد واین خاصبک پسری بود از خیل ترکمانان غز که در ولایت آذربایجان توطن داشتند روزی غلامان پادشاه در حدود سراب واردبیل

کشیده proprie *sursum tractus*, h. l. *evectus, ad honores provectus.* ¹) B. سلطان ²) Id. گشت ³) B. نداند false. ⁴) B. سبب ⁵) Metr. مجتث

از موکب عالی دور افتادند ناگاه جوانی‌را بیدند که بر اسبی کوه پیکر هامون نورد سوار بود ازو پرسیدند که این اسب میفروشی گفت به پدر من تعلق میدارد بی رخصت او چگونه بیع کنم. الحاح بسیار نمودند خاصبگ ابا نمود غلامان دزدیده در یکدیگر نگاه میکردند که اسب‌را بتغلب بستانند ومحقری بدو دهند خاصبگ بفراست در یافت وخواست که متوجه منزل [1] گردد غلامان سر راه بر وی گرفتند بالضروره بجانب دیگر تاخت غلامان نیز از عقبش تاختن کردند [2]. درین اثنا کوکبهٔ سلطان پیدا شد وخاصبگ خودرا بسلطان رسانید وناداناسته گفت که ای سالار طایفهٔ از خیل تو میخواهند که این اسب از من بخرند ومن بی رخصت پدر این بیع نتوانم کرد الله الله مرا بفریاد [3] رس پادشاه وامرا چون در قد وبالا وتناسب اعضا وحرکات وسکنات خاصبگ نگاه کردند گفتند که ما هذا بشر ان هذا الا ملک کریم آنگاه یکی از خواصرا گفت که ستانندهٔ اسب ازوی‌را بمن رسان وآن شخص هرچند جست وجوی کرد هیچکس‌را [4]

---

[1]) B. نزل [2]) Id. گرفتند [3]) P. فریاد [4]) B. om. هیچکسرا

نیافت صورت حال بعرض پادشاه رسانیده [1] سلطان فرمود که این پسر دروغ نمیگوید میشاید که [2] غلامان خاص برین جرأت اقدام نموده باشند آنگاه فرمود که احتیاط تمام باید کرد که اسب کدام یک عرقناک است تا حقیقت حال ازوی معلوم کنیم چون تفتیش نمودند طایفهٔ از ممالیکرا دیدند که اسبان ایشان غرق عرق اند لا جرم آنجماعترا پیش سلطان بردند وسلطان از ایشان استفسار نموده غلامان بعرض رسانیدند که این پسر راست میگوید چه ما [3] میخواستیم که این اسبرا جهت خداوند عالم بخریم وسلطان دران محل بطعام خوردن فرود آمده باحضار پدر خاصبک فرمان داد وبا او گفت که این اسبرا میفروشی گفت داعیهٔ فروختن نداشتم اکنون که پادشاه عالم ارادهٔ خریداری دارد [4] اسبرا با پسر وچندین متاع دیگر پیشکش کردم وازان وقت باز خاصبک ملازم شده بمراتب عالیه [5] مخصوص گشت وسلطان فرمود تا هفت هزار دینار در مقابل آن [6] اسب به پدر خاصبک دادند ❀

---

1) P. رسانید 2) B. add. با 3) P. om. چه وما
4) Id. خریداری کرد داعیهٔ 5) P. عالی 6) Idem om. آن

فصل ۳۰

ذکر بعضی قضایا که بعد از تفرق اعدا روی نمود

چون سلطان مسعود از عقب سلیمانشاه بری رفت عباس نخست[1]) بگریخت وبعد ازان وسایل انگیخته سلطان بر سر رضا آمد وبشرف دست[2]) و پایبوس مستسعد شده منظور نظر عاطفت واحسان گشت وعبد الرحمن نیز تمهید معاذیر نموده پادشاه جرایم اورا عفو فرموده در سلک خواص ونواب بارگاه فلک اشتباه انتظام داد ودر خلال این احوال اتابک چاولی بموجب فرمان عازم آذربایجان شد چون بزنجان رسید در روزی که قمر در جوزا بود فصد کرد وهمان لحظه به تیر انداختن مشغول شده[3]) از قضای آلهی رگ دستش گسیخته رشتهٔ حیاتش بقطع انجامید[4]) این خبر مسموع پادشاه شده منصب چاولیرا بعبد الرحمن داد واو پیوسته[5]) با سلطان میگفت که بوزابه بندهٔ شایسته است ووی را[6]) باندک جریمهٔ از درگاه دور نتوان گردانید نوبتی

---

[1]) P. om. نخست [2]) Id. om. دست پایبوس [3]) P. وپیوسته [4]) Id. شد حیات او منقطع شد [5]) P. om. او [6]) B. om. ووی را

فرصت یافته بعرض رسانید که اگر رخصت باشد بنده بفارس رود وبوزابه را با ملك محمد بخدمت آرد[1] سلطان دستوری داده عبد الرحمن به آن صوب شتافت وسلطان بعد از رفتن عبد الرحمن بجربادقان[2] رفت ومشار الیه بوزابه وملك محمد را دران حدود بخدمت رسانید وبوزابه در روز ملاقات از روی تملق[3] هفت بار پیشانی بر زمین نهاد وعبد الرحمن درین اثنا با او گفت که مضی ما مضی نیکو بندگی تو از امروز محسوب خواهد بود وچند روز بوزابه وعبد الرحمن در بارگاه سلطان بطرب وشرب خمر اشتغال نمودند وبعد ازان سلطان مسعود از راهی وملك محمد وبوزابه از راه دیگر بهمدان رفتند ودر آنموضع پادشاه پرتو التفات بر حال ملك محمد

---

[1]) P. بحضرت آورد [2]) B. بجربادکان P. بجربادقان Scripsi cum ق quae est vera lectio teste Abulfeda; consentiunt Yakuti, Kazwini et auctor lexici geographici, cuius notitia exstat in Hamakeri *Specimine* p. 67. vid. Uylenbroek *Iracae Persicae descriptio* p. 11. 30. 58 et 64. text. arab. Nomen huius urbis alios pronuntiare جُرْبَاذَقَان alios جُرْبَاذْقَان affirmat idem Abulfeda l. l. [3]) P. روی تضرع وجزع

انداخته گوهر خاتون دختر خودرا با او در سلک ازدواج کشید ورخصت فرمود که ایشان بجانب فارس روند وبوزرابه مرافقت داماد نماید ومقرر کرد که ملک محمد ولی عهد باشد ودرین اثنا بنابر مصلحت ملکی فرمان صادر شد که عبد الرحمن به اران رود واو عاقبت اندیشی کرده از سلطان التماس نمود که خاصبگ وبها الدین قیصر وطایفهٔ دیگر از امرا که با وی صفائی نداشتند درین [1]) یورش همراه باشند تا از غیبت وقصد ایشان در پیش پادشاه ایمن باشد وسلطان ملتمس او مبذول داشته خود بنفس همایون بجانب بغداد توجه نمود وامرای مذکور بموجب فرمان در مصاحبت عبد الرحمن به اران رفتند وچون از خبث باطن وکمال نفاق او آگاه بودند بوقت فرصت دران سفر اورا بجانب سقر روان کردند واین خبر مسموع سلطان شده قتل آن منافق عظیم موافق مزاج اشرف افتاد وچون عباس که سابقا حکومت ری تعلق به او میداشت دانست که با همسوکند ودوست جانی او از قضای آسمان [2]) چه رسید متوهم گشته با مقتفی خلیفه قرار داد که روز عید که سلطان بمصلی رود تیغ کین از نیام

[1]) P. دران [2]) آسمانی

انتقام کشیده اورا از میان بر دارند وبحسب اتفاق دران روز قطرات امطار بحیثیتی از آسمان ریزان شد که شاه وسپاهرا مجال آن نشد که بعید گاه روند وسلطان مسعود بواسطهٔ نزول آب رحمت از تیغ آتش بار عباس باد پیمای خاکسار رهائی یافت وبعد از یکهفته این سر فاش گشته سلطان عباسررا عبرة للناظرین [1]) فرمود تا در [2]) کنار دجله از خلق بیاویختند وسبب افشای این راز آنکه جوانی از متعلقان طشت دار خلیفه با غلامی که جامه دار سلطان بود شراب میخورد در غلواء [3]) مستی بر زبان او رفت که قد استولی الوسواس علی العباس من مطر یوم العید غلام بفراستی که داشت گفت ای جوان تو ازین حال کما ینبغی با خبر نیستی ومن این قضیهرا بتفصیل میدانم چه یکی از خواص عباس این راز با من در میان نهاده واگر این حکایت که شمهٔ ازان نشان دادی بتحقیق ترا معلوم است بیان کن آن جوان از سر مستی کیفیت قصد عباسرا بتمام باز گفت وغلام از سر [4]) سگالش آن حق [5]) ناشناس فصلی بعرض رسانید ❊

---

[1]) B. للناس [2]) P. تا عباسرا از [3]) B. غلوی
[4]) P. om. سر [5]) B. om. حق

فصل ۳۶

ذکر حرب اتابک بوزابه با سلطان مسعود ونهایت کار آن[1] نامحمود

چون عبد الرحمن وعباس بجزای اعمال خویش گرفتار گشتند منهیان بمسامع علیهٔ سلطان مسعود رسانیدند که از ناصیهٔ حال اتابک بوزابه بنابر سیاستی که نسبت بدوستان او صدور یافته غبار تکدر وتغیر مشاهده میرود سلطان تاج الدین وزیررا بفارس پیش بوزابه فرستاده پیغام داد که همانا شنیده باشی که با[2] موافقان تو که در زمرهٔ منافقان ما معدود بودند چه رسید اکنون اگر[3] نمیخواهی که به ایشان ملحق شوی پای از دایرهٔ متابعت بیرون منه وگرد عصیان ومخالفت مگرد وازین پیام بوزابه مستشعر وپریشان خاطر گشته عصابهٔ تمرد به پیشانی بست ولشکر فارس فراهم آورده بر سمت اصفهان با محمد وملکشاه روان شد وچون پرتو این خبر بر پیشگاه ضمیر انور تافت از بغداد بتعجیل بسیار وگروه اندک بیرون آمده تا همدان در هیچ مکان قرار نگرفت ودر آنموضع توقف نمود تا اتابک

---

[1]) B. add. عاقبت [2]) P. om. با [3]) B. om اگر

ایلدگیز وخاصبگ وامیر شیرزاد وسایر امرا با لشکرها
که قبل ازین[1] باحضار ایشان فرمان صادر شده بود
به او پیوستند ودرین اثنا بسمع سلطان رسید که
بوزابه از اصفهان بیرون آمده روی توجه بهمدان
دارد لا جرم رایت فتح آیترا[2] تحریک داده در
مرغزار قراتکین هر دو گروه بهم رسیدند[3] ونیران
محاربه اشتغال یافته جمعی کثیر کشته شدند
وعاقبت نسیم فتح وظفر بر پرچم طوق[4] نصرت
پیکر وزیده غلام حبشی از ممالیک حسن جاندار
بر معرکه اتابک بوزابهرا پیاده یافته بشناخت بوزابه
با غلام گفت که اگر اسبی بمن دهی تا ازین مهلکه
بیرون روم ترا در مملکت فارس قصبهٔ چهرم
ببخشم که توانگر گردی حبشی بر فور صورت
حالرا با خواجهٔ خویش باز راند[5] وحسن جاندار
بوزابهرا خواجهوار پیش سلطان برد وبعد از خطاب
وعتاب بنابر فرمان سلطان خاصبگ اورا بدو نیم زد
وسلطان مسعود بعد ازین فتح مبین عزیمت بغداد
نمود وچون به اسد آباد رسید شنید که سلطان معز
الدین سنجر در ری نزول اجلال فرموده خاصبگ

---

1) B. ازان 2) B. آیت 3) Idem رسید 4) B. توق
5) P. نمود

بنابر استشعاری که از سلطان سنجر بر ضمیر او استیلا یافته بود مسعودرا بران میداشت که عمرا نادیده ببغداد رود چه مردم میگفتند که آمدن سلطان سنجر بواسطهٔ اینست که خاصبکرا بگیرد چه بعرض او رسانیده اند که خاصبک مسعودرا بر مخالفت او ترغیب وتحریض می نماید بعد از تقدیم مشورت سلطان مسعود امرا واورتاقرا [1]) در اسد آباد گذشته با معدودی چند بخدمت عم شتافت وبنوازش مخصوص گشته سلطان ازو پرسید که خاصبک کجاست مسعود تمهید معذرت کرده گفت درین اوان بطرفی رفته [2]) اما عنقریب بر اثر بنده به بندگی میرسد وبر فور مسرعی فرستاده اورا طلب داشت وخاصبک بعد از چند روز با تحف وهدایا لا تعد ولا تحصی بری رسیده در میدان گوی بازی منظور نظر عاطفت سلطان سنجر گشته آنچه همراه داشت پیشکش کرد وسلطان اورا بگوی باختن امر فرمود وچون در چابکسواری او نظر کرد بر زبان گوهر افشان گذرانید که خاصبک استحقاق

---

[1]) P. وارونی B. واروقرا utrumque mendose. Scripsi واورتاقرا ex coniectura, quod est voc. turcicum significans i. q. شریک *socius*, *consors*. [2]) B. add. بود

آن دارد که زیاده ازین تربیت یابد سلطان مسعود
مبتهج ومسرور گشته هژده روز در خدمت سلطان
سنجر بسر برد واز عم تشریف ونواخت بسیار یافته
او نیز امرای خراسانرا بصلات وعطایای فراوان ممنون[1]
گردانید ودر منتصف رمضان مسعود رخصت انصراف
یافته بجانب بغداد رفت وسلطان سنجر بخراسان
معاودت فرمود وسلطان مسعود در منتصف صفر سنه
اربع واربعین وخمسمایه از بغداد مراجعت کرده بهمدان
آمد وبعد ازان بمطالعه ومشاهدهٔ ممالک محروسه
مشغول شده پنج روزه حیات طبیعیرا بعیش وخرمی
گذرانید تا در غرهٔ رجب سنه[2] سبع واربعین بجوار
رحمت ملک غفور پیوست در نفس شهر همدان
مدفون گشت مدت ملک او هژده[3] سال وکسری بود
وچهل[4] وپنج سال عمر داشت دراز رکاب وقوی بال
وفراخ سینه بود ودر[5] میزان خردبر تمامت مبارزان
جهانرا[6] حجج می نمود ☼

---

1) B. مملو 2) In codice P. deest سنه 3) Idem هشتده 4) P. وچل 5) Idem سینه در 6) B. مبارزانرا omisso جهان

فصل ۲۷

ذکر سلطنت ملکشاه بن محمود بن محمد بن ملکشاه بن الپ ارسلان

ملکشاه پادشاهی بود شجاع دلیر[1] ودر میدان مبارزت افزون از پلنگ وشیر بحسن خلق وسخاوت مشهور وبلطف طبع وپاکی طبیعت[2] مذکور وبر شرب خمر ومباشرت شرهی تمام داشت پیوسته مجلس بزم او بشاهدان بینظر آراسته وبدلبران کشمیری پیراسته خاک حجرهٔ طربش چون گل وسنبل خوش بوی ومطرب چمن لهو ولعبش مانند قمری وبلبل خوش گوی در رجب سنه سبع واربعین وخمسمایه بعد از فوت عم بر سریر پادشاهی نشست ودر شوال همین سال مخلوع ومعزول[3] گشت وسبب عزل او آنکه با ندیمان شراب میخورد وامرارا بار نمیداد وبسر باری اندیشید که خاصبگرا که مدبر امور مملکت بود بگیرد وخاصبگ اینمعنیرا یافته با امرا در باب گرفتن او مشورت فرمود چون همه ایشان آزرده خاطر بودند بدان رضا دادند وحسن جاندار باتفاق واستصواب خاصبگ ملکشاهرا ضیافت کرد وبعد از سه روز که

---

1) B. ودلیر 2) P. طینت 3) Id. معزول

داد عیش وخرمی داده [1] بساط لهو وطرب در نوردیدند وملکشاهرا گرفته در برجی از بروج قلعهٔ همدان محبوس گردانیدند وفی الحال قاصدی بخوزستان فرستاده برادرشرا ملک محمد طلب کردند وملکشاه دران مسکن دلگیر چند روز با هزار غم وتشویر بسر برد وعاقبت محافظانرا فریفته ریسمانی بر میانش بستند تا از راه خاک ریز بزیر آمده بر اسبی باد رفتار که غلامش معد ومهیا داشته بود سوار شد وبراهی غیر معهود بجانب خوزستان رفت وخواهرش گوهر نسب که نظر بجمعیت حال او بیشتر داشت برای او از اصفهان گاهی ما یحتاج می فرستاد نوبتی بنفس خویش عازم خوزستان شده با خود نفایس امتعه ونقود وجواهر می برد تا اسباب پادشاهی برادر مرتب سازد ملک محمد ازین حال خبر یافته اتابک ایازرا از عقب فرستاد تا همهرا غارت کرد [2] وملکشاه مدتی دران ولایت اقامت نموده چون [3] از سکون متبرم وملول گشت بهر طرف در طلب ملک تکاپوی آغاز کرد وبعد از وفات برادر باصفهان آمد وخواست که عروس مملکترا بی منازعی در کنار گیرد که ناگاه بگوش او رسید که بیت

---

1) P. داد 2) B. کردند 3) Id. نمود وچون

دل برین عشوه گر پیره زن[1] نهر مبند
کین[2] عروسیست که در عقد بسی داماد است

ودر پانزدهم[3] ربیع الاول سنه خمس وخمسین[4] وخمسمایه دران ولایت فرمان یافت مدت سلطنت او سه ماه بود وچند روز[5] وسی ودو سال عمر داشت ❁

فصل ۲۸

ذکر سلطنت محمد بن محمود بن محمد بن سلطان[6] ملکشاه

سلطان محمد پادشاهی بود[7] کامل عقل وافر فضل ثاقب رای صایب تدبیر قول راسخ وعهدی ثابت داشت رعایت احکام شرعی وسنن مصطفوی بواجب[8] کردی وتوقیر علما وفضلا[9] وصلحا کما ینبغی بجای آوردی بعد از خلع[10] واخذ ملکشاه خاصبک جمال الدین ابن قیماز را بخوزستان فرستاد تا اورا بهمدان رساند وابن قیماز در راه با سلطان

---

[1]) B. پیر زن عشوه گر [2]) P. نو Metr. رمل دین پیر زن عشوه گر [3]) Id. پانجدهم [4]) B. سنه خمسین false. [5]) P. وچند روز بود [6]) Id. om. سلطان [7]) P. verbum بود post تدبیر sequens collocat. [8]) Id. بواجبی [9]) B. وتوقیر وتعظیم امرا [10]) P. قلع

محمد گفت که اگر پادشاه در دفع خاصبگ اهمال جایز دارد وتغافل ورزد با او همان معامله پیش برد که با برادرش پیش آورد وخاصبگ با خلیفه عهد کرد [1]) که نام سلاطین سلجوق از خطبه زایل کند واز سکه محو کرداند وخود بانفراد والی عراق گردد سلطان این سخن‌را بگوش هوش بشنود وبسمع رضا اصغا نمود وچون در کنف عنایت وحمایت [2]) رحمن رحیم بولایت همدان رسید امرای دولت روی توجه بعتبهٔ سلطنت نهادند ومراسم خدمت وعبودیت بجای آوردند بلوازم زمین بوسی [3]) قیام نمودند در روز اول اینانج وخاصبگ وتمامت مسعودیان بمرغزار قراتگین طوی عظیم [4]) کردند ودر بارگاه سلطان شراب خوردند وروز دیگر سلطان بکوشک مرغزار همدان رفت وامرای مسعودی‌را بار داد وایشان دران روز پیشکشها کشیده تنسوقات گذرانیدند بتخصیص خاصبگ که غرایب اقمشه واسلحهٔ گوناگون واثواب قیمتی وخیول گرانبها بنظر سلطان کشید وچون اهل مجلس متفرق شدند وبغیر از خواص سلطان کسی نماند خاصبگ بقدم ادب استاده آغاز سخن کرد که قواعد شهریاری چنان وچنین وآئین جهانداری آن واین

[1]) P. کرده [2]) B. وعاطفت [3]) P. بوس [4]) B. سنگین

درین اثنا ابن قیماز عزرائیل وار گریبانش گرفت وگفت بر خیز که این جای موعظه ونصیحت نیست وصارم ومحمد بن یونس اورا وزنگی جاندار را[1] که از مخصوصان وی بود گرفته بگوشهٔ بردند وسر آن دو بیگناه را از تن جدا کردند انصار واولیای خاصبگ بر سر کوشک در جوش وخروش آمدند وسلطان فرمود که سرهای کشتگان از بام بزیر انداختند اهل غوغا چون آن حال مشاهده نمودند متفرق وپراگنده شدند بعد ازان خواص ومقربان پادشاه بضبط خزانهٔ خاصبگ پرداختند واز جملهٔ چیزهائی که درانجا یافتند سیزده هزار اطلس سرخ غیر معمول بود باقی‌را برین قیـــاس باید کرد آنگاه سلطان[2]) سرهارا پیش اتابک شمس الدین ایلدگز ونصرة الدین آقسنقر صاحب مراغه فرستاده بتصور آنکه اینمعنی موافق مزاج ایشان خواهد افتاد وآن دو سردار لشکر ازین حادثهٔ مستنکر رایت خلاف وعناد بر افراشته ایلچی بطلب سلیمانشاه عم سلطان محمد بزنجان فرستادند وسلیمانشاه بامرا پیوسته بهیاٌت اجتماعی متوجه همدان شدند سلطان محمد

---

[1]) P. وصارم محمد بن یونس وزنگی جاندار

male. [2]) Id. بعد ازان پادشاه

خزانهٔ خاصبگیرا بر لشکر تقسیم نموده هر که زر بستد بگریخت چون خصم نزدیک رسید خزینه تهی گشته ومردان کار روی بفرار نهاده سلطان محمد با خواص از همدان عنان عزیمت بجانب اصفهان منعطف ساخته بعد از سه روز سلیمانشاه با سپاه انبوه ولشکر[1] گردون شکوه بتختگاه او رسیده مرغزار همدانرا مخیم اجلال گردانید درین اثنا جمعی از متابعان سلطان محمد که اهل وعیال در همدان داشتند ازوی روی گردان شده بسلیمانشاه پیوستند ووضیع وشریف دل بر سلطنت او نهادند اما دران هفته امری بظهور آمد که هیچکس در خیال نداشت ☼

فصل ۲۹

ذکر تفرق سپاه[2] سلیمانشاه ووصول سلطان محمد بتختگاه

دران[3] هنگام که سلیمانشاه بر مسند حکومت نشست خوارزمشاه نامی امیر حاجب او بود وفخر الدین کاشی وزیر امرا خواستند که حجابت بمظفر الدین الپ ارغون دهند وزمام وزارت در کف کفایت

---

[1]) B. ولشکری [2]) P. حال [3]) B. در

شمس الدين ابو نجيب نهند[1]) خوارزمشاه ازين سگالش آگاه شده خواست که ملکها سليمانشاهرا برهم زند وچاره جز آن نديد که با خواهر[2]) چون که سر جبالهٔ سليمانشاه بود گفت که امرا با شوهر تو دل دگرگون کرده ميخواهند که اورا گرفته بطلب سلطان محمد فرستند ووعدهٔ خروج ايشان امشب است آن ناقص عقل اين خبررا بر سبيل جزم بسليمانشاه رسانيد وپادشاه ساده[3]) از امرا متوهم شده در همانشب با معدودی[4]) چند از همدان روی بجانب مازندران نهاد وامرا ازين حال بيخبر تا روز ديگر لشکرگاه بر قرار بود وآوازه شايع شد که پادشاه پيدا نيست لشکريان دست بغارت وتاراج بر آوردند واز خزانه واصطبل سليمانشاه نشان نماند چون صورت واقعه[5]) مسموع سلطان محمد گشت باور نکرد وپنداشت که امرا کيدی کرده اند تا اورا بدست آرند وبعد ازان که خبر متواتر شد سلطان محمد عازم همدان گشت وبار ديگر بر مسند جهانبانی تکيه زده بضبط مملکت پرداخت وسليمانشاه از مازندران بجانب خراسان روان شده

---

[1]) P. om. نهند [2]) Idem خوهر [3]) B. om. ساده
[4]) P. معدود [5]) B. قضيه

تا بطبس کیلکی در هیچ مکان توقف ننمود واز آنجا با سواری پانصد مراجعت نموده ومنازل ومراحل قطع کرده باصفهان رفت ورسولی پیش رشید جامه دار شحنهٔ اصفهان فرستاد تا شهر بسپارد رشید قبول نکرد وچون مفری دیگر نداشت روی بدار السلام بغداد نهاد وخلیفه پرتو التفات بر حال وی انداخته اسباب وادوات سلطنت بوی داد وچون احوال سلیمانشاه منتظم گشت متوجه تبریز شد اتابک ایلدگز وبعضی از امرا که دران حدود بودند طوعا او کرها در مقام مطاوعت آمدند وملکشاه برادر سلطان محمد واقسنقر نیز به او پیوستند سلطان محمد چون از جمعیت مخالفان خبر یافت با لشکر گران بطرف آذربایجان توجه نمود ومیان هر دو فریق حربی صعب اتفاق افتاده نسیم فتح وظفر بر پرچم رایت سلطان محمد وزید وسلیمانشاه از معرکه روی گردان شده بموصل رفت وبنابر آنکه طایفهٔ از امرا سلطانرا بر جنگ خلیفه تحریص می نمودند بر سمت دار سلم روان شد وچون بتکریت رسید ارسلان بن طغرل بن محمد بن ملکشاهرا که درانجا محبوس بود از قید بیرون آورد ودران حدود یکماه توقف نمود چه موفق گرد بازو از خواص سلطان بطلب زین الدین

علی کوچک که از اعیان عرب بمزید شوکت امتیاز داشت رفته بود وچون زین الدین علی با گروه انبوه بسلطان پیوست بدر بغداد آمدند سلطان وزین الدین علی وبعضی از مقربان در جانب غربی شهر نزول فرمودند وپسران قیماز واتابک ایاز وموفق گرد بازو بطرف شرقی منزل[1] ساختند وبنابر آنکه اعیان بغداد وامرای خلیفه سلطانرا عشوه داده خبر میفرستادند که بی کلفت جنک شهر تسلیم خواهیم نمود ونیز میان پسران قیماز وموفق گرد بازو نقاری بدید آمده بود ودر امر محاربه ومحاصره تاخیری واقع میشد سلطان بساط عیش گسترده بنای ونوش روزگار میگذرانید[2] ودر خلال این احوال منهیان بسمع سلطان رسانیدند که ملکشاه برادرش واتابک ایلدگز بمحاصرهٔ[3] همدان مشغول اند واین خبر افشا یافته لشکریان فوج فوج روی بگریز آورده متوجه همدان میشدند چون سلطان دانست که ضبط سپاه ممکن نیست با امرا فرمود که ما نیز فردا[4] از آب عبور خواهیم کرد که دفع ملکشاه وایلدگز اهم است از تسخیر بغداد وبعضی بتصور آنکه فردا

[1]) B. آمدند ونزلی [2]) P. میگذرانیدند B. om. روزگار [3]) P. بمحاربهٔ [4]) P. om. فردا

ازدحام خواهد بود در همانروز آهنگ عبور کرده
اضطرابی [1] عظیم در لشکر افتاد جسر بگسست ونشانهٔ
روز رستاخیز بدید آمده هرکس بطرفی روی نهاد
ورجال بغداد که از حیز تعداد بیرون بودند دست
بغارت وتاراج اردوی اعلی بر آوردند وسلطان با
طایفهٔ از خواص در سرای سعد الدوله رفت وزین
الدین علی کوچک وجمعی نقش وهم وخوف از لوح
خاطر حک کرده وشمشیر انتقام از نیام بر [2] کشیده
چندان مصابرت نمودند که خزانهٔ سلطانرا از
سرپنچهٔ غضب ربود واوباش بغداد نگاه داشته
بسلامت از آب بگذرانیدند وهر چیزیرا که نقل آن
از ثقل [3] متعسر بود مثل خیمه وخرگاه بسوختند
وسلطان از سرای سعد الدوله بیرون آمده متوجه
همدان شد وچون بپنج منزلی دار الملک رسید
مخالفان مانند حروف تهجی متفرق شده ایلدگز
به تبریز رفت وملکشاه راه خوزستان پیش گرفت
وسلطان بعد ازین وقایع ترک جنگ ولشکرکشی
کرده تابستان در ییلاق [4] همدان بسر می برد

---

1) B. اضطراب 2) Id. om. بر 3) P. که از نقل آن

4) Vox turcica significans *aestiva;* pro ییلاق et dicitur ییلا vid. Meninsk. s. v.

وزمستان بقشلاق [1] ساوه میرفت وچون مدت هفت
سال از سلطنت او بگذشت بیمار شد وهرچند اطبا
سعی نمودند صحت روی ننمود ومدتی بر بستر
ناتوانی افتاده عاقبت داعی حقرا لبیک اجابت
گفت زمان حیات او سی ودو سال بود ۞

فصل ۳۰

ذکر سلطنت سلیمانشاه بن محمد بن ملکشاه

سلیمانشاه پادشاهی خوب روی خوشخوی بذله گوی
طرب جوی بود اما ثبات ووقاری چندان نداشت
چون سلطان محمد از عالم رحلت نمود امرای عظام
مثل موفق گرد بازو وناصر الدین اقسنقر وعز الدین
قیماز واتابک ایاز باهم قرار دادند که اینابخرا از ری
طلب دارند تا باستصواب او یکی از آل سلجوقرا [2]
که استحقاق سروری داشته باشد بر سریر مملکت
بنشانند واین عزیمترا از قوت بفعل آورده اینابخرا
بهمدان خواندند وبعد از تقدیم مشورت قرعهٔ
اختیار بر سلیمانشاه افتاد ومسرعی بموصل فرستاده

---

1) قشلاق oppositum praecedenti ییلاق significat *hiberna;* aliae huius vocabuli turcici formae sunt قشلا et قشلغ vid. Meninsk. s. v. 2) P. سلجوق

اورا طلب داشتند ودر ربیع الاول سنه خمس وخمسین وخمسمایه بهمدان[1] رسیده بر مسند سلطنت بنشست وسلیمانشاه بنابر استمالت ایلدگز ملک ارسلانرا که پیش او بسر می برد وربیب او بود ولی عهد گردانیده در خطبه نام ملک ارسلانرا ردیف نام خویش گردانید واینانبخ بجانب ری معاودت نمود وسلیمانشاه اکثر اوقات بلهو ولعب روزگار میگذرانید ودر صباح ورواح جرعهٔ راح از کف نمی نهاد وعز الدین قیماز وناصر الدین اقسنقر در معاشرت ودر خلوت محرم اسرار او بودند وبنابر حسدی که از موفق گرد بازو در خاطر داشتند سلطانرا بر اهلاک واعدام او تحریص می نمودند وبدین عزم سلطانرا بخانهٔ او مهمان بردند گرد بازو ازین قصد آگاه شده خودرا محافظت نمود وفرصت فوت شده اعتمادش[2] بر سلطان نماند وبا او دل دگرگون کرده با اتابک ایلدگز پیغام داد که ملک ارسلانرا[3] بر تخت سلطنت باید نشاند که مصلحت در اینست ودران باب مبالغه والحاح بسیار نمود سلیمانشاه خود از مداومت عیش وطرب بندبیر ملک وقمع اعدا

---

1) B. همدان بدار الملک 2) P. شد واعتمادش
3) P. ارسلان

وتقویت اولیا نمی پرداخت وکار بجائی رسید که امرا وارکان دولت وخواص ونواب حضرت بجملگی از وی ملول شدند ودل از متابعت او بر داشتند واو نیز بحکم القلوب تتشاهد[1] در بارهٔ ایشان بدگمان گشت وبا این همه بسنان زبان خاطر همگنانرا میخراشید وندانست که بیت[2]

پیکان ز درون برون رود بی مشکل
بیرون نرود حدیث ناخوب از دل

عاقبت امرا بر خلع سلیمانشاه وبیعت ارسلان با گرد دارو اتفاق نمودند سلیمانشاه از گفته وکرده پشیمان شده بامرا پیغام داد که اگر شمارا از من در خاطر غبار است وتنفری پیدا شده رخصت دهید تا مالی که از موصل آورده ام بر گیرم وبروم بیت[3]

بهر کجا که روم پادشاه وقت خودم
بعقل وعلم توانگر بصبر وحلم شجاع

اکثر امرا گفتند که این ملتمس دور نیست چه بیکبار در کسر[4] حرمت سلطنت نتوان کوشید وجمعی که ازو خایف ومتوهم بودند جواب دادند که این امر کلی بی مشورت اینابخ که از زمرهٔ امرا

---

1) P. شاهد false. 2) P. om. بیت Metr. هزج
3) Metr. مجتث 4) B. کثر

بکفایت وکردانی وکیاست ودور اندیشی متفرد ومتناز است نتوان کرد آنگاه باتفاق قاصدی پیش ایناںخ فرستاده درین باب ازو استنطاق نمودند ایناںخ در جواب ایشان گفت که اگر شمارا از سلیمانشاه کراهتی در خاطر واورا از شما خصومتی در دل است باید که باطلاق او رضا ندهید چه میشاید که بخراسان رود وازانجا لشکری فراهم آورده روی بعراق نهند وطوفان بلا بالا گرفته ضرر آن بهمگنان رسد مصلحت آنست که اورا موقوف دارید تا آمدن ملک ارسلان امرا بصواب دید ایناںخ جمعی را تعیین کردند که محافظت کوشک سلیمانشاه نماید تا بطرفی بیرون[1] نـرود وچون ملک ارسلان واتابک ایلدکز بهمدان رسیدند سلیمانشاه را در قصری محبوس ساخته موکلان بر وی کماشتند وچون بعد از یکماه عازم اصفهان شدند اورا بقلعهٔ همدان حبس کردند واو در دوازدهم ربیع الاول سنه ست وخمسین وخمسایه دران قلعه فرمان یافت مدت زندکانی او چهل وپنج سال وبروایتی بیش از هشت ماه سلطنت نکرد وکمتر ازین نیز کفته اند ❊

---

[1]) P. om. بیرون

فصل ۳۱

ذکر سلطنت ارسلان بن طغرل بن محمد بن سلطان ملکشاه بن الپ ارسلان [1]

ملک ارسلان پادشاهی بود حلیم وصبور آثار سخاوت وکرم بر صفحات احوال او لایح وانوار حیا وحمیت بر وجنات روزگار او ظاهر دیر خشم گرفتی وزود عفو فرمودی منشیان درگاه عالی او بندگان عاصی‌را منشور عفونا عما سلف دادندی ومحرران بارگاه [2] او بنام مجرمان سامی مثال اغماض عفونا عنکم انشا کردندی از غایت علو همت پرتو التفات بر دخل وخرج ممالک محروسه نیفکندی [3] وبکثرت وقلت آن خاطر نگران نبودی در حسن لباس ونفاست اثواب مبالغه والحاح نمودی ودر کلف [4] ماکولات ومشروبات اهتمام تمام فرمودی وهر کس در مجلس بزم او فحشی [5] بر زبان او [6] زرفتی وسخنان ناشایست از هیچ احدی صادر نگشتی وچون مادرش در حبالهٔ نکاح اتابک ایلدگز بود در مرافقت او

---

[1]) P. add. بن چغربگ بن اسرائیل بن سلجوق بن دقاق رحمهم الله تعالی [2]) P. om. بارگاه [3]) Id. male. بیفکندی [4]) B. تکلف [5]) Id. فحش [6]) B. کسی

از آذربایجان بدار الملک همدان خرامید جهان بفر دولت سلطان وسیاست تیغ واصابت رای اتابک اعظم زینت ورونقی[1] دیگر پذیرفت وامور مملکت انتظام گرفت در بدایت سلطنت ملک ارسلان واتابک ایلدکز از همدان باصفهان رفتند وعز الدین قیماز که والی آن ولایت بود از پادشاه روی گردان شده با امیر حسام الدین اینانج که دران ولا طریق عصیان می سپرد در مخالفت موافقت نمود وآن هر دو امیر ملک محمد سلجوقی را[2] از فارس طلب داشتند تا در ظل رایت وعون عنایت او بر مخالفان ظفر یابند چون این خبر بسمع سلطان رسید اتابک ایلدکز را در اصفهان گذاشته با شرف الدین موفق گرد بازو ولشکرها بهمدان آمد وملک محمد به امرای طاغی پیوسته متوجه همدان شدند وسلطان ارسلان نیز آمادهٔ حرب وقتال شده روی بایشان نهاد وتقارب فئتین وتلاقی فریقین دست داده جنکی عظیم اتفاق افتاد وبعد از کشش وکوشش بسیار بحکم من ینصره فلا غالب له ملک ارسلان[3] بر معاندان ظفر یافته ملک محمد بخوزستان رفت

---

[1] B. ورونق [2] P. سلجوقی [3] Id. om. ملک ارسلان

وعز الدين واينابخ بجانب ری گریختند واینابخ از آنجا بمازندران شتافت در خلال این احوال ملك ابخاز که از پادشاهان مشرك کافری نو شوکت بود غیبت اتابك ایلدگیزرا فوزی عظیم دانسته بقصد خون ومال مسلمانان در حرکت آمد وملك ارسلان بتوفیقات ربانی وتاییدات سبحانی وخصایص جهانداری ولوازم شهریاری از خسروان آفاق متفرد ومتاز بود لشکرهای پراگندهرا جمع آورده جهت محافظت بیضهٔ اسلام روی بدیار کفر نهاد وچون ارباب ایقان وعبدهٔ اوثان بهم رسیدند چندان کشش واقع شد که شمشیر آهن[1] دل از بسیاری آن خون گریست وزبان سنان مانند سر[2] زبان سرخ گشت وعاقبت ملك ابخاز بارادهٔ ملك کارساز[3] بیت

بجست با رخ زرد از نهیب تیغ کبود

چنانکه برگ بهاری زبیم باد خزان[4]

وغنیمت بسیار نصیب مجاهدان دین آمده سالما غانما باز گشتند ❀

---

1) B. آهنین 2) Id. om. سر 3) B. بی‌نیاز 4) Metr. مجتث

فصل ۳۲ .

ذکر مراجعت سلطان ارسلان وتخریب قلاع اسمعیلیه[1]

دران وقت که سلطان ارسلان جهت استیصال ودفع اعدای دین کمر اجتهاد بر میان بست سکان الموت فرصت غنیمت دانسته در چهار فرسخی قزوین دست بغارت وتاراج بر آوردند اهالی قزوین[2] استغاثه بدرگاه پادشاه عالم پناه بردند وملک ارسلان از جهاد اصغر روی همت عالی نهضت بجهاد اکبر نهاد ودر مدتی اندک[3] سه قلعهرا مسخر ساخته بتخریب سور وباروها فرمان داد ودران نواحی قلعهٔ بود هم از اسمعیلیه که بر سر صخرهٔ صما بنا نهاده بودند وسلطان محمود[4] سلجوقی در ایام سلطنت خویش با تمامت خیل وحشم مدت سه ماه متوالی خیمه در حوالی آن قلعهٔ عالی زده بمحاصره مشغول گشتند ودر دفع آن فسقه فجره جد واجتهاد بسیار نمودند وچون نزدیک به آن شد که جمال مطلوب از نقاب حجاب روی نماید شیوهٔ مخالفت

---

1) B. بتخریب قلاع اسمعیلیان 2) B. add. از استحکام آن قلاع که بحقیقت رخنه بود در دین متین 3) Id. اندک مدتی 4) P. مسعود

که از اخلاق [1] ذمیمه واوصاف ناپسندیده است میان ارکان دولت ظاهر شده از در قلعه بر خواستند وآن همه رنجها ضایع گشته مضمون سخن کما کنا والغناء زیاده وصف حال ایشان آمد غرض از تثبیت این مقدمه آنکه ملک ارسلان بعد از فتح قلاع مذکوره همگی همت بر تسخیر این قلعه مقصور گردانیده بعد از چند روز پیکر ظفر در آینهٔ مراد جلوه گر آمده طایفهٔ از معتمدانرا بمحافظت آن مقرر فرمود وآن قلعهرا بقلعهٔ ارسلان گشای موسوم گردانیدند [2] پادشاه اسلام بعد ازین فتوحات مظفر وکامران باصفهان آمد [3] اعدا مقهور واولیا مسرور وامرا [4] محکوم ومامور الا اینابخ که داغ عصیان بر جبین نهاده پناه بملوک مازندران برده بود عاقبت الامر او نیز از کردار خویش نادم وپریشان [5] گشته در صلح میکوفت مصدق این مقال آنکه حاکم مازندران بالتماس او رسولی چرب زبان بخدمت سلطان ارسلان فرستاد وشفاعت کرد تا غباری که از جرأت وجسارت مشار الیه بر ضمیر انور نشسته بزلال عفو واغماض محو گرداند واقطاع وبلاد برسم معتاد

---

[1] P. افعال [2] Id. گردانید [3] B. رفت [4] P. add. وپشیمان [5] B. بر منهم

بر وی مسلم ومقرر دارد وسلطان اجابت فرموده بمواعید دلپذیر ایلچیرا مقضی المرام باز گردانید بعد از مراجعت رسول چون اینانج شنید که شرف الدین موفق گرد بازو مسند امارت خالی گذاشته است بطمع خام زیادتی اقطاع وتضاعف مرسوم از پادشاه اسلام التماس نمود ملک ارسلان در جواب فرمود که اگر اینانج بخدمت ما آید بنانی که ما دهیم قناعت باید [1] کرد واین نوبت رسول بنابر قلت التفات پادشاه عادل ناخوش دل باز گشت چون اینانج از سلطان نومید شد بخدمت سلطان تکش خوارزمشاه رفت وخوارزمشاه بنابر التماس اینانج لشکری مصحوب او کردانید واو با [2] آن سپاه روی بعراق نهاد وچون بحدود ری رسید هوس استخلاص قلعهٔ طبرک [3] در ضمیر آن بدرگ استحکام یافت وچند روز بمحاصرهٔ آن مشغول شده کاری از پیش نرفت وبنابر آنکه لشکر خوارزم مستعجل بودند بی نیل مطلوب از سر حصار بر خواسته بعزیمت حرب ملک ارسلان متوجه زنجان شد ودرین اثنا شنید که اتابک شمس الدین ایلدگز بسلطان پیوسته بعزم [4] محاربت

---

1) P. نباید male. 2) Id. وبا om. او 3) B. تبرک
4) Id. پیوسته است وبعزم

او کمر بسته اند [1] وچون دانست که مرد معرکهٔ او [2] نیست از ابهر باز گشته خوارزمیانرا فرمود تا دست باموال واهل وعیال رعایای قزوین دراز کرده در خرابی تقصیر نفرمودند واینانج بجرجان رفته سلطان آن زمستان در حوالی ری قشلاق فرمود ودران اوان عمر بن علی یار [3] که کوتوال قلعهٔ طبرک [4] بود بجهت متانت حصار وکثرت ذخیره بخار پندار بدماغ راه داده در امتثال [5] احکام وامثلهٔ اتابک شمس الدین ایلدگز تغافل وتهاون می ورزید وچون سلطان دانست که اگر در گوشمالی عمر اهمال وامهال رود در مهم مملکت اختلال بدید آید لا جرم اورا بعشوه وفریب بپایهٔ سریر سلطنت مصیر طلب داشت چون خدمتش به اردوی اعلی که در ساوه بود رسید در همانروز مقید ومحبوس گشت وچون ولایت ری از سرداری صاحب وجود خالی ماند وخبر اخذ محمد بن علی بسمع اینانج رسید لشکری از ولایت طبرستان بهم [6] کشیده روی بری آورد ملک ارسلان جمعی از امرا واعیانرا بدفع او نامزد فرمود وایشان بموجب فرموده عمل نموده روان شدند ومیان آنجماعت

---

[1] B. om. اند [2] Id. ایشان [3] P. بار [4] B. تبرک
[5] P. om. امتثال [6] B. در هم

واینانج در حدود ری اتفاق ملاقات دست داده[1] جنک واقع شد نخست اینانج شکست یافته عاقبت لشکر سلطان منهزم گشتند واینانج بر بعضی از ولایت عراق استیلا یافته خرابی بسیار کرد چون صورت واقعه مسموع اتابک ایلدگز گشت با لشکر جرار از آذربایجان بیرون آمده جهت دفع شر اینانج بر سمت ری روان شد ودر آنزمان ملک ارسلان حوالی خرقانرا مخیم دولت واقبال ساخته بود چون وصول اتابک نزدیک رسید واینانج دانست که تاب مقاومت آن سپاه بیکران ندارد لا جرم شفعا در میان کرده امان خواست وقرار بران افتاد[2] که باتابک پیوسته بعد ازان باتفاق نزد سلطان روند[3] وبحسب اتفاق شبی که صباح آن موعد ملاقات اینانج بود اتابک اینانجرا بقتل آوردند وکشنده معلوم نشد اما خواص او که در[4] محل تهمت بودند روی باطراف نهادند وسلطان بری آمده سلطنت او مرة بعد اخری رونق پذیرفت بیت[5]

ایام بکام واختران فرمان بر
افلاک نهاده بر خط فرمان سر

[1] B. ملاقــات افتاده [2] P. یافت [3] Idem آید
[4] B. دران امر [5] Metr. هزج

در شهور سنه تسع وخمسین وخمسمایه این خبر شایع شد که ملک ابخاز بار دیگر لشکر گرد آورده[1] قصد دیار اسلام دارد وسلطان واتابک وامرا در نخجوان مجتمع گشتند تا از آنجا متوجه ابخاز شوند ودران موضع مزاج شریف خسرو غازی از جادهٔ اعتدال منحرف گشته اورا بکندمان بردند وامرا وارکان دولت در مرافقت اتابک ایلدگز بصوب مقصد شتافتند وچون ملک ابخاز تاب مقاومت لشکر اسلام نداشت پناه بکوه برد وسپاه سلطان آتش در ابخاز زده مراجعت نمودند وبه اردوی سلطان پیوستند[2] وسلطان بنام[3] اتابک وامرا ولشکریانرا نوازش واکرام[4] فرمود راویان اخبار آورده اند که سلطانرا مادری بود در تحت نکاح اتابک ایلدگز که قابلهٔ ایام مماثل او در مهد عفت وامانت[5] ودین داری ورعیت‌پروری وصیانت عرض ومتانت رای مولودی نه پرورده بود بیت

آفتاب اندر هوای گویش آمدشد نداشت

تا بنابیش[6] مسمی واضع الاسما نکرد

---

1) B. om. لشکر گرد آورده 2) Id. ملحق گشتند

3) B. انام 4) P. om. واکرام 5) B. add. ودیانت

6) P. به تاینتش B. بنایتش aut بنانیش utrumque

سر فرا گوش کنیزانش نیارست آورید
لؤلؤ کافورش تا نام خون لالا نکرد

وآن بانوی جهان چندان لطف واحسان در بارهٔ علمای دهر وافاضل عصر بتقدیم میرسانید که زبان خامه از تقریر آن بعجز وقصور معترف است واز قضای الهی دران اوان که سلطان بیمار شد ملکه بجوار رحمت ملک یزدان پیوست واز استماع این واقعهٔ هایله خاطر فرماندهٔ ایران خسته وپشت استظهارش[1] شکسته شد وبعد از یکماه خبر وفات اتابک رسید وبر اثر این خبر جسد اورا بهمدان آورده در مدرسهٔ که از مستحدثات مشار الیه بود دفن کردند وپسرش نصرة الدین محمد بجای او بنشست ورنج واندوه ملک ارسلان از واقعهٔ هایلهٔ اتابک متضاعف گشت ومرض او روی در تزاید نهاد تا در منتصف جمادی الآخر سنه احدی وسبعین وخمسمایه بجوار رحمت ملک غفور پیوست مدت پانزده سال وکسری سلطنت کرد وچهل وسه سال عمر یافت ✿

mendose; scripsi بنابیش ex coniectura. Metr. رمل

1) P. استظهار

فصل ۳۳

ذکر سلطنت طغرل بن ارسلان بن طغرل بن محمد بن سلطان ملکشاه که سلطنت آل سلجوق به او منتهی شد

بعد از پدر پادشاهی تعلق بوی گرفت واز دار الخلافه سلطان رکن الدین قسیم امیر المومنین لقب یافت زبدهٔ دودمان آل سلجوق بود صورت خوب وشمایل مرغوب وافعال رضیه واعمال مرضیه وطبعی وقاد ونهی نفاذ داشت واز جملهٔ اشعار اوست رباعی [1]

دی روز چنان وصال جان [2] افروزی
وامروز چنین فراق عالم سوزی
افسوس که بر دفتر عمرم ایام
آنرا روزی نویسد اینرا روزی

باتفاق مورخان سلطان طغرل شهریاری بود در آشیان دولت متولد شده [3] ودر ریاض اقبال نشو ونما یافته پیش ازین عیبی نداشت که بر سافهٔ دولت افتاده بود در بدایت سلطنت او ملک ابخاز

---

[1]) Addi رباعی *quaternio*, quum ad hanc poematis speciem composita sint duo quae sequuntur disticha. Metr. هزج [2]) B. روح [3]) P. add. بود

قصد آذربایجان کرد وعمش محمد بن طغرل آهنگ عراق کرد واکثر امرای سلجوقی با او اتفاق داشتند برادران مادری پدر سلطان طغرل جهان پهلوان اتابگ محمد وقزل ارسلان ابنای اتابگ ایلدگز در یکماه دو تاختن کرده هر دو دشمنرا مقهور کردانیدند وتا اتابگ محمد در حیات بود مملکت سلطان طغرل در طراوه ونضاره از ریاض خلد نشان میداد ودر زمان دولت او سبعهٔ سیاره در اول میزان که از بروج هواییست در یک دقیقه قران کردند منجمان گفتند که درین سال بادی پیدا شود که عمارتها خراب کند بلکه جبال راسخة البنیانرا از زمین بر گیرد وانوری درین باب از سایر ارباب نجوم مبالغه بیشتر داشت ومردم از بیم جان در زیر زمین سمچها ساختند وسردابها پرداختند وبحسب اتفاق دران ایام که اوقات حکم ایشان بود چندان باد نوزید که خلق رفع محصولات [1]) نمایند یکی از شعرا درین باب [2]) فرماید

گفت انوری که از سبب [3]) بادهای سخت
ویران شود عمارت وکهسار [4]) برتری [5])

---

[1]) B. محصول [2]) P. om. درین باب [3]) B. جهت
[4]) B. وکه نیز [5]) Uterque بر سری false; Metr. مضارع

فصل ۴۳

ذکر سلطنت طغرل بن ارسلان بن طغرل بن محمد بن سلطان ملکشاه که سلطنت آل سلجوق به او منتهی شد

بعد از پدر پادشاهی تعلق بوی گرفت واز دار الخلافه سلطان رکن الدین قسیم امیر المومنین لقب یافت زبدهٔ دودمان آل سلجوق بود صورت خوب وشمایل مرغوب وافعال رضیه واعمال مرضیه وطبعی وقاد وذهنی نقاد داشت واز جملهٔ اشعار اوست رباعی[1]

دی روز چنان وصال جان[2] افروزی
وامروز چنین فراق عالم سوزی
افسوس که بر دفتر عمرم ایام
آنرا روزی نویسد اینرا روزی

باتفاق مورخان سلطان طغرل شهریاری بود در آشیان دولت متولد شده[3] ودر ریاض اقبال نشو ونما یافته پیش ازین عیبی نداشت که بر ساقهٔ دولت افتاده بود در بدایت سلطنت او ملک ابخاز

[1]) Addi رباعی *quaternio*, quum ad hanc poematis speciem composita sint duo quae sequuntur disticha. Metr. هزج [2]) B. روح [3]) P. add. بود

...دتر قهاد واو در

...تی نمود که

...ح برادرش

...ویند که

الدین

...ضی از

صالح

...زرین

...اهم

او

ن

ا

قصد آذربایجان ...

عراق کرد واکثر ...

برادران مادری ...

اتابک محمد و ...

یکماه دو تاختن کردند ...

وتا اتابک محمد ...

طغرل در طراوه ونصلیو ...

ودر زمان دولت او سبعة ...

بروج هوایی بست در یک ...

گفتند که درین سال بلاد ...

خراب کند بلکه جبال ...

شیری وانوری درین باب ...

مبالغه بیشتر داشت ومردم ...

زمین سمچها ساختند وسردابها ...

اتفاق دران ایام که اوقات حکم ...

باد نوزید که خلق رفع محصولات[1] ...

شعرا درین باب[2] فرماید

گفت انوری که از سبب[3] بادهای ...

ویران شود عمارت وکهسار[4] برترسد ...

---

[1]) P. om. محصول ...

جهت B. [2]) درین باب ... [3]) B. وکه نیز [4]) ... Uterque false; بر سری

زر روز حکم او نوزیدست هیچ باد
یا مرسل الریاح تو دانی نه انوری[1]

هرچند درین واقعه کذب ارباب نجوم بر خلایق روشن گشت اما باتفاق جمهور ارباب تواریخ در همین سال چنگیزخان در بلاد توران بسمت سروری قوم وقبیلهٔ خویش موسوم شد وچون بمرتبهٔ سلطنت رسیده[2] روی بولایت سلطان محمد خوارزمشاه نهاده چندان[3] باد بی‌نیازی در حرکت آمد که در مملکت سلطان مذکور بتخصیص در خراسان ساکن داری ونافخ ناری نماند چنانچه تبیین آن در دفتر خامس از مساعدت وقت مامول است فی الجمله سلطان طغرل بی محاربه وجنگ چنگ در دامن دولت زد وبی تعب طلب با عروس ملک دست در آغوش کرد در رعایت رعیت ودفع ظلمه ورفع رسوم اهل عدوان واحسان در بارهٔ عالمیان مشار الیه گشت وزمام حل وعقد امور ملک وملت را[4] در قبضهٔ

---

recepi برتری cum Herbelotio, qui eosdem laudat versus in *Bibliotheca orientali* t. III p. 489. [1]) Sic recte Herbelot. l. l., quum uterque codex male legat وانوری [2]) B. رسید [3]) Idem نهاد وچندان [4]) P. وملت om. را

اقتدار اتابک محمد بن اتابک ایلدکز نهاد واو در ضبط وربط ممالک محروسه بمرتبهٔ سعی نمود که مزیدی بران متصور نبود وچون او فوت شد برادرش قزل ارسلان متکفل مهام جمهور گشت گویند که سلطان طغرل در شان شیخ الاسلام ظهیر الدین بلخی اعتمادی[1] عظیم داشت چنانچه در بعضی از لیالی بزاویهٔ آن قدوهٔ اکابر واعالی رفتی ودر مصالح ملک وملت با او مشورة فرمودی وامرای دولت ازین صورت رنجیده با سلطان نفاق آغاز نهادند وباهم عهد بستند که در کسر بنیان قصر[2] رفعت او یکجهت باشند وشیخ ظهیر الدین بفراست برین معنی اطلاع یافته در خلوتی شمهٔ ازین حال با سلطان در میان نهاد وسلطان ازین جهت نسبت بامرا بی‌عنایت گشت وایشان چاره جز آن ندیدند که قتلغ اینانج بن اتابک محمد بن اتابک[3] ایلدکزرا[4] که رکن رکین سلطنت ووالی ولایت ری بود با خود متفق سازند لا جرم درین باب نامها نوشتند مضمون آنکه پادشاه اکثر اوقات در خانهٔ ظهیر بلخی می باشد واورا مشیر وظهیر خویش

---

[1]) B. اعتقادی [2]) P. om. قصر [3]) B. om. محمد بن اتابک male. [4]) P. ایلدکز

ساخته با امرا التفات نمیفرماید وظهیر نیز در غم
وسعایت [1] ارکان دولت نکتهٔ فرو نمیگذارد اکنون
ملتمس آنکه جناب امارت مآبی رخصت فرماید تا
پادشاهرا گرفته محبوس گردانیم ودیگریرا [2] که
اهلیت این کار داشته باشد بر تخت نشانیم وسید [3]
علاء الدوله درین امر با ما اتفاق دارد ومکتوبات
در میان عصائی مجوف تعبیه کرده بدست قاصدی
بری فرستادند واز غایت خبث باطن ربود اوباشرا [4]
شبها در کمینها می نشاندند تا بوقت فرصت وزمان
مجال سلطانرا اهلاک سازند چون تدبیر موافق
تقدیر نبود سلطان از مکیدت امرا آگاه گشته
باحتیاط تردد میفرمود وقاصد بر سمت ری روان
شده پسر تاج الدین قتلغ شرابی در راه اورا پیش
آمد وبنیاد استکشاف احوال کرد وازانجا که شیمهٔ
بی‌دولتان باشد قاصد در جواب اهمال می ورزید

---

1) P. وسعی **2) Id.** ودیگری **3) B. add.** فخر الدین

4) Sic legendum statui pro رنود واوباشرا **quod exhibet apographum meum;** رنود **deest in Meninskii lexico; Borhâni qâtii auctor vocabulo** غیبت **explicat. Quod scripsi** باطن ربود **est adiectiv. compositum et significat** ***internum rapiens*** **i. e.** ***animum lacerans*, *discrucians*.**

وپسر تاج الدین از قلت التفات او در غضب شده خواست که بگرز گران تادیب او[1] فرماید قاصد جهت محافظت نفس عصای خود در مقابل صدمهٔ گرز[2] داشت وگرز بر عصا زده[3] بشکست ومکتوبات از میان آن بیرون افتاد وپسر تاج الدین نامهارا خوانده در سیر تعجیل نموده صورت واقعهرا بعرض سلطان رسانید روز دیگر چون امرا بملازمت آمدند سلطان بیرون نیامد اما سید علاء الدولهرا که به آن جسارت متهم وبا آنجماعت همدم بود در خلوت طلب داشت وکیفیهٔ حالرا با او تقریر کرد وآنجنابرا بنابر انتساب بخاندان[4] نبوت خلعت عفو پوشانیده سایر عصاترا در قلعهٔ همدان باز داشت وبعد از چند روز ارباب جرایم التجا بجانب ارشاد مآب شیخ ظهیر الدین بلخی کرده اورا شفیع ساختند تا سلطانرا بر سر رضا آورد وقبول فرمودند که اگر سلطان با ایشان بر سر رضا آید هرچه[5] دارند بغرامت دهند ودیگر پیرامون امثال این حرکات نگردند وشیخ الاسلام از روی نصیحت وموعظت با سلطان گفت

---

1) B. om. او 2) P. عصا پیش 3) Id. خورده 4) P. بنابر خاندان 5) B. خشنود سلطان از آنجماعت گردید ایشان آنچه

که اگر خلایق بر عصیان طغیان اقدام ننمایند پادشاهان در زمرهٔ الکاظمین[1] الغیظ والعافین عن الناس کجا انتظام یابند وشیخ ازین نمط چندان سخن با سلطان گفت که سلطان در مقام عنایت وعاطفت آمده خواست که هم دران چند روز باطلاق محبوسان فرمان دهد لیکن چون ارادهٔ حق به آن متعلق نشده بود سلطان درین اثنا بجهت ملاحظهٔ عمارت قلعه بآنجا تجشم فرمود وقتلغ[2] طشتدار که در سلک ارباب مآثم انخراط داشت زبان سفاهت کشاده در روی سلطان گفت که مدتها در اندیشهٔ آن بودم که دمار از نهاد تو بر آرم وترا به پدرت ملحق گردانم چون دولت تو بیدار بود وبخت من در خواب فرصت دست نداد سلطان فرمود که با پدرم که ترا از ذل بندگی بدرجهٔ خداوندی رسانید چه کینه داشتی قتلغ گفت باشارت اتابک محمد سید علاء الدوله ده هزار دینار

[1]) B. والکاظمین [2]) Uterque وقتلق hic et infra lin. penult. male, nam قتلغ طشتدار idem est cum supra dicto پسر تاج الدین قتلغ شرابی vid. p. ۲۴۶ lin. antepenult. Saepe in scribendis nominibus propriis codices secum haud constant.

بمن داد تا پدرترا در حمام شربتی[1] مسموم دادم وحمام روحشرا از قفص کالبد بصحرای ممات فرستادم سلطان ازین حکایت غضبان گشته بقتل محبوسان فرمان داد ومضمون کلمهٔ ان البلاء موکل بالمنطق بوضوح پیوست وسید علاء الدوله هرچند در جریمهٔ اول معاف آمد درین نوبت از آسیب دوران رهائی نیافت تفصیل این اجمال آنکه دران چند روز سلطان طغرل عزیمت یورش تصمیم داده از سید علاء الدوله التماس نمود که دران سفر مرافقت نماید سید تمارضی آورده در رفتن تعلل نمود وچون سلطان در مرافقت الحاح کرد سید جز مطاوعت چاره ندید وچون از همدان بیرون آمده دو منزل قطع کردند تسییر درجهٔ هشتم سید علاء الدوله بقاطعی رسیده شیطان رجیم سلطان رحیمرا از جادهٔ صواب منحرف گردانید[2] تا بقتل آن سید کریم حکم فرمود واورا بزهٔ کمان از میان بر داشته کالبدشرا بموجب فرمان بهمدان فرستادند واین حرکت بر[3] سلطان مبارک نیامد وبه این سبب در اندک فرصتی کاروبار سلطنت وروزبازار مملکت بهم بر آمد ❁

[1] P. شربت [2] Id. گردانیده [3] B. در

فصل ۳۴

ذکر مخالفت قزل ارسلان وبیان بعضی[1] واقعات که دران اوان روی نمود[2]

چون در قضایای آل سلجوق که بهترین طبقات سلاطین اند نوع[3] بسطر رفتن قلم مشکین رقم خواست که اقوال مختلفهرا[4] که در شرح وقایع سلطان طغرل بن ملک ارسلان که آخر[5] سلجوقیان وفاضلترین ایشانست وارد شده در سلک تحریر کشد ومنه الاعانة والتوفیق در تاریخ آل سلجوق که یکی از افاضل ملاحده[6] باسم آن طبقه[7] قلمی کرده مسطورست که بعد از فوت جهان پهلوان اتابک محمد بن اتابک ایلدگز ضبط وربط ورتق وفتق امور ملک بر برادرش قزل ارسلان قرار یافته بواسطهٔ بدگوئی مغسدان میان او وسلطان طغرل وحشتی بدید آمد وخدمتش از تبریز متوجه همدان گشت وسلطان تختگاه خالی گذاشته روی بفرار نهاد وقزل ارسلان سلطانرا تعاقب نموده اموال وخزاین اورا

---

[1] P. om. وبعضی [2] Id. بیان نمودی دران ولا رو [3] B. om. نوع [4] P. مختلفه [5] Id. آخرین [6] B. ملیحده [7] Id. طبقات

بنابرین داد وسلطان بعد از چند گاه که در اطراف بلعب بعضی روزگار گذرانید وشنید[1] که اتابک قزل ارسلان متوجه آذربایجان گشته بهمدان آمد ودرین[2] اثنا امرای عراق باشارت قزل ارسلان[3] بهمدان رسیده بسلطان پیغام دادند که بنابر حقوق سالفه که شهریار عالمیان در بارهٔ ما ثابت دارد ترک ملازمت قزل ارسلان داده متوجه خدمت شده ایم اگر سلطان رقم عفو بر جرایم ما کشد عذر تقصیر گذشته خواست[4] آید طغرل بکلمات واهی ایشان فریفته شده خبر فرستاد که فردا در میدان سواری ملاقات کرده پیمانرا بایمان مغلظه مؤکد گردانیم چون روز دیگر شد سلطان بمیدان رفت وامرای بد عهد گرد چتر پادشاه در آمده فخر الدین قتلغ شمشیری بر[5] سلطان زد وباتفاق اورا[6] گرفته موقوف گردانید وچون این خبر مسموع قزل ارسلان گشت از تبریز بهمدان آمده سنجر بن سلیمانشاهرا طلب داشت تا بر تخت نشاند ودر خلال این احوال ملاطفهٔ از دار الخلافه باتابک فرستادند که ترا خود بر سریر

---

[1]) B. وچون شنید [2]) Id. درین [3]) B. باشارت [4]) B. خواسته [5]) P. شمشیر بران [6]) B. اتابک سلطانرا

سلطنت باید نشست وبمضمون کلمهٔ الملک بعد ابی لیلی [1] لمن غلب [2] عمل باید نمود اتابک قزل ارسلان اشارت خلیفهرا فوزی عظیم دانسته دم از استبداد واستقلال زد ورؤس منابر ووجوه دنانیررا باسم ولقب خویش موشح گردانید امرای عراق که در قصد وایذای ولی نعمت اتفاق کرده بودند خویشتنرا در مرتبهٔ با اتابک مساوی بل راجح میدانستند با یکدیگر مشورت کرده گفتند که چون ما با ولی نعمت خود چنین غدری کردیم دیگریرا بر ما چه اعتماد ماند ومیشاید که اتابک ملاحظهٔ اینمعنی کرده در هلاک ما سعی نماید اکنون مصلحت آنست که اورا از میان بر گرفته مملکت عراقرا در میان هم قسمت کنیم وخاطر برین [3] قرار داده شبی در بارگاه قزل ارسلان رفتند وبمقتضای فمن یعمل سوءً یجز به اتابک بجزای عمل خویش گرفتار آمد روز دیگر امرای طاغی ملک عراقرا قسمت نمودند وبفراغت تمام متصدی منصب حکومت گشتند درین اثنا رسل ملوک اطراف برسم تهنیت میرسیدند وهمهرا تصور آن بود که مملکت

---

[1]) لیلی deest in cod. B. [2]) Uterque غلبا ut videtur.

[3]) B. بدین

قزل ارسلان بر قرارست وبنای سلطنت او استوار
وندانستند که هر قاعدهٔ که خلاف اصل باشد دیر
نپاید وهر بنا که بنیاد آن بر باد هوس نهاده باشد
زود از پا در آید ان للباطل [1]) صولة ثم یضمحل
فی الجمله اهل عصیان گمان بردند که توسن فلک
بمرام الی قیام الساعة وساعة الغیام عنان کام ومرام در
قبضهٔ اختیار واقتدار ایشان خواهد گذاشت خود
در اندک زمانی سنگ تفرقه در شیشهٔ [2]) جمعیت
ایشان افتاد ومضمون کلمهٔ عرفت الله بفسخ الغرایم
سمت وضوح یافت مفصل این مجمل آنکه اصغر [3])
سالار حسام الدین وجمعی دیگر که حق گذاری
وایادی ولی نعمت مفترض میدانستند [4]) وشکر منعم
عقلا وشرعا متحتم میشناختند سلطانرا از حبس
بیرون آوردند واز دلیران روزگار طایفهٔ به آنجناب
پیوسته روی بعراق نهادند وامرای طاغی نیز لشکری

---

[1]) P. الباطل [2]) B. add. خانهٔ [3]) Sic scripsi ex coniectura pro mendoso اسغر apographi mei. Quod recepi اصغر *minor* cum sequenti سالار *dux exercitus* coniunctum efficit compositum determinativum, ab Indorum grammaticis *Karmadhâraja* dictum, et significat *dux inferioris ordinis, subpraefectus.* [4]) B. میداشتند

ترتیب داده متوجه سلطان گشتند تلاقی فریقین در حدود قزوین اتفاق افتاد وبعد از کشش وکوشش ارباب طغیان وعصیان از ستیز وآویز عاجز آمده راه انهزام پیش گرفتند وعروس مملکت که یار قدیم سلطان بود برقع بر افکنده جمال مطلوب وچهرهٔ مقصود بر منصهٔ آرزو جلوه گر آمد وقهرمان قضا این ندا در داد که الحمد لله علی فضله ان رجع الحق الی اهله بیت

صدای گنبد فیروزه میدهد آواز

که آمد آب سعادت ¹) بجوی دولت باز

بعضی از مورخان گفته اند که چون پهلوان اتابک محمد بن اتابک شمس الدین ایلدگز وفات یافت اختلال بقواعد مملکت راه یافته امرا پای از حد خویش بیرون نهادند ²) سلطان طغرل خواست که مهمات ملک بدستور سابق باشد امرا ازینمعنی تنگ آمده بر سبیل خفیه ³) کسان فرستاده اتابک قزل ارسلانرا طلب داشتند واتابک بنابر ⁴) استدعای امرا بهمدان رفت وبا سلطان ملاقات کرده از غایت تکبر دستبوس نکرد وجماعت بدگویان که از حلیهٔ فضل

---

¹) P. موالی Metr. مجتنث ²) P. نهاده ³) B. add. وعلن ⁴) P. بر

وهنر عاری بودند سلطانرا از اتابک واتابکرا از سلطان منوحش ومتوهم ساختند واتابک بر مملکت مستولی شده بی رخصت پادشاه در امور مدخل کردن گرفت وجمعی از خواص سلطانرا محبوس گردانیده طایفهٔ از ایشانرا بمال فریفت [1]) ودر محافظت سلطان احتیاط تمام می نمود تا بطرفی بیرون نرود در این اثنا مختلفهٔ برادر خودرا در سلک ازدواج آورده بطوی [2]) مشغول شد وسلطان فرصت غنیمت شمرده با جمعی از خواص ومقربان بجانب همدان شتافت وقزل ارسلان از عقب رفته در حدود دامغان بهم رسیدند وچند روز میان ایشان محاربات واقع شده اتابک با وجود کثرت رجال [3]) منهزم گشت واز معرکه روی بری نهاده ازانجا به تبریز رفت وسلطان بهمدان آمد [4]) در خلال این احوال لشکر گران از دار الخلافه بمدد قزل ارسلان نامزد شده در آذربایجان به او پیوستند واتابک بوجود ایشان مستظهر گشته

[1]) B. بغریفت [2]) Quod supra saepius repertum est et hic iterum legitur voc. طوی idem est ac ضیافة *epulum*, *convivium*, quam significationem lexica non exhibent. In Mirchondi operibus sexcenties invenitur. [3]) P. om. رجال [4]) Id. آمده

آهنگ جنگ سلطان کرد وسلطان نیز بعزم رزم حرکت کرده فریقین در کنار سفید رود بهم رسیدند ولشکر بغداد مقهور[1] گشته سلطان عنان دولت بجانب آذربایجان منعطف کردانید وقزل ارسلان متوجه همدان شد دران ولایت خطبه بنام سنجر بن سلیمانشاه خواندند[2] وباز بقصد سلطان روی بآذربایجان نهاد وسلطان از راه دیگر بعراق آمده دو بر کشیدهٔ[3] خودرا که از بندگان قدیم بودند بجریمهٔ از جرایم بکشت وقتلغ اینانج به این سبب از اروی سلطان بگریخت وقاعدهٔ مخالفت[4] بنیاد نهاده بر ولایت[5] اصفهان مستولی گشت وسلطان بحرب او رفت واو از اصفهان براه ساوه متوجه زنجان شده سلطان بر اثر او رفته بهم رسیدند وبعد از مقابله ومقاتله سلطان بسبب رنجوری روی از معرکه بر تافته بهمدان[6] شتافت ناگاه قزل ارسلان بهمدان رسیده سلطانرا با پسرش ملکشاه بگرفت وایشانرا بآذربایجان فرستاده در قلعهٔ از قلاع آن حدود که بقلعهٔ کهران موسوم بود محبوس کردانید ومهم

---

1) B. منهزم 2) P. بخواند 3) Cf. p. ۲۰۶ not. 4. 4) P. مخالفان 5) Id. om. ولایت 6) B. بجانب همدان

سلطنت بر قزل ارسلان قرار گرفت وروزی مسعود جهت جلوس او بر سریر سلطنت اختیار کردند وبحسب اتفاق در صبح [1] آنروز اورا کشته یافتند گویند پنجاه زخم کارد بر تن او پدید آمد [2] وچون این خبر در آذربایجان منتشر شد کوتوال قلعهٔ کهران بترغیب بعضی از امرا سلطان طغرل را با پسرش از حبس بیرون آورد [3] وهر روز جمعی از مردان کار ودلیران روزگار به او می پیوستند وچون آوازهٔ جمعیت سلطان بعراق رسید قتلغ اینانج با دوازده هزار سوار جرار بآذربایجان توجه نمود وسلطان نیز در حرکت آمده بر در قزوین هر دو فریق مصاف دادند وعاقبت نسیم فتح وظفر بر رایت نصرت پیکر سلطان وزیده قتلغ اینانج منهزم بری رفت وسلطان بهمدان آمد ودرین اثنا سلطان تکش که بواسطهٔ استماع تراجع [4] واختلال احوال سلجوقیان بحدود ری آمده بود با سلطان طغرل در ملک عراق تنازع آغاز نهاد وبعد از آمدشد رسل قرار بران افتاد که ری‌را بتکش بگذارند وچون مبانی مصالحه تاکید یافت تکش باز گشت وسلطان

---

[1]) P. om. صبح [2]) B. بود [3]) P. آوردند [4]) B. add. اقابل

طغرل جهت تسکین فتنه مادر قتلغ اینانجرا در حبالهٔ نکاح آورد ومادر وپسر اتفاق کردند که سلطانرا زهر دهند وسلطان بدین مکیده مطلع شده همان شربت بخورد زن داد وآن بد سگال شربترا خورده فی الحال جان بمالک سپرد وسلطان قتلغ اینانجرا گرفته محبوس گردانید وبعد از مدتی بشفاعت ارکان دولت اورا از حبس رهائی داد[1] وقتلغ اینانج بآذربایجان رفته با برادر خود نصرة الدین ابو بکر در مهم حکومت منازعت کرد ودر عرض یکسال میان ایشان چهار نوبت محاربه واقع شد چون ابو بکر غالب آمد قتلغ اینانج التجا بدرگاه تکش خوارزمشاه برد وتکش اورا بمال ولشکر مدد داده قتلغ با لشکر خوارزم روی بعراق آورد ودر محرم سنه تسعین وخمسمایه بجوار[2] ری میان او وسلطان طغرل حربی صعب دست داده سلطان مظفر منصور گشت ولشکر خوارزم باقبح وجهی پشت دادند یکی از شعرا درین باب گوید رباعی

ای پیش عزیزان تو خوارزمی خوار
وی خنجر[3] بُرّان تو خوارزمی خوار

---

[1]) P. دادند [2]) B. بجار . [3]) P. خنجران contra metrum هزج quo versus sunt scripti.

زین بیش نیارند که بینند بخواب
در عرصهٔ میدان تو خوارزمی خوار

سلطان طغرل بعد ازین فتح بری آمده بساط عیش ونشاط بگسترد وداد طرب وخرمی داده صبوح بغبوق وغبوق بصبوح در[1]) پیوست درین اثنا آوازهٔ توجهٔ تکش سلطان شایع گشته اعیان دولت وارکان مملکت سلطان طغرل ملاطفات نوشته تکش‌را بر آمدن ترغیب وتحریص نمودند وسلطان از صحبت بتان چگل به آن بلای نازل نمی پرداخت وزیرش در شان او گوید رباعی[2])

گر ملک فریدونت بس اندوز بود
روزت زخوشی چو عید ونوروز بود
در کار خود از بخواب غفلت باشی
ترسم که چو بیدار شوی روز بود

وباندک فرصتی خوارزمشاه بحدود عراق رسیده قتلغ اینانج بدو پیوست ودر مقدمه با سپاه[3]) خوارزمشاه بجنگ سلطان آمد ودر اواخر[4]) ربیع الآخر سنه تسعین وخمسمایه هر دو گروه بهم رسیدند وسلطان در برابر قتلغ اینانج افتاده از غرور جوانی ومردانگی

---

[1]) B. om. در [2]) Metr. هزج [3]) P. om. سپاه
[4]) B. آخر

وبخمار شراب اسب پیش راند واین سه بیت از شاهنامه خواندن گرفت بیت [1]

چو زان لشکر گشن بر خاست گرد
رخ نامداران ما گشت زرد
من آن گرز یک زخم بر داشتم
سپهرا همان جای بگذاشتم
خروشی [2] خروشیدم از پشت زین
که چون آسیا شد بر ایشان زمین

وبیخبر ازین که آسیابان اجل دانهٔ امل او بسنگ فنا آس میکند وتند باد حوادث خرمن حیات اورا پریشان ومتفرق میگرداند مصدق این مقال آنکه درین اثنا سلطان از سر مستی گرزی که به آن می بازید [3] بر دست اسب خویش زد وچون دولت ازوی روی بر گاشته [4] بود اسب از صدمهٔ گرز گران بر وی آمد وسلطان بر زمین افتاده قتلغ اینانج بدو رسیده سلطان آواز بر آورد که ای جهان پهلوان منم سلطان وقت مروت است زنهارم ده قتلغ گفت هنگام مردن [5] بزرگی مطلب مطلوب ازین

---

[1]) B. مثنوی Metr. متقارب [2]) B. خروشان [3]) In apographo meo نازید male, ut videtur. [4]) B. ازوی بر داشته [5]) P. om. مردن

میانه ومقصود از[1] تنگ وپوی خویش وبیگانهٔ توئی آنگاه یک زخم باد نخوت وغرور از دماغ او بیرون برد وبیک ضرب[2] روح اورا بمرکز اصلی سپرد[3] با سبکساری چرخ گردان[4] از گرز گران سنگ سلطان چه فایده وبا ستیزه کاری دوران از کثرت جنود واعوان چه سود الغصه جسد سلطان طغرل را بر شتری افکنده نزد تکش آوردند خوارزمشاه چون دشمن را بدان حال دید از اسب پیاده شده روی مسکنت بر زمین مالید وسر اورا که[5] با امیر المومنین الناصر الدین الله[6] سر یکدلی نداشت ببغداد فرستاد وفرمان داد تا جثهٔ اورا در بازار ری بدار کردند درین باب فاضلی گوید رباعی[7]

امروز شها زمانهٔ دل تنگیست
فیروزهٔ چرخ هر زمان با رنگیست
دی از سر تو تا بفلک یک شبه[8] بود
امروز ز سر تا بدنت فرسنگیست

گویند در معرکه کمال الدین شاعر را که ندیم سلطان طغرل بود گرفته پیش نظام الملک مسعود

---

1) P. ازین 2) B. ضربت 3) Id. رساند 4) B. گردون 5) Id. om. که 6) B. add, که 7) P. om. رباعی Metr. هزج 8) P. گز

که وزیر تکش بود آوردند وزیر با او گفت که این همه آوازهٔ قوت وشوکت وشجاعت ومبارزت طغرلبک همین بود که تاب یک حملهٔ مقدمهٔ[1] لشکر پادشاه اسلام نداشت کمال الدین بر فور جواب داد که بیت[2]

زبیژن فزون بود هومان بزور
هنر عیب گردد چو بر گشت هور

آفتاب دولت سلجوقیان که سالهای بسیار[3] وقرنهای بیشمار در عراق حکومت[4] کرده بودند در مغرب فنا متواری شد وماه حشمت خوارزمشاهیان از افق سعادت لامع گشت فراش روزگار مکار که در هر وقتی ملازم در صاحب صدری باشد ودر هر قرنی بعتبهٔ رفیع قدری انتما[5] نماید بدست ارادت بساط سلطنت آل سلجوقرا در نوردیده دست ومسند با رفعت اولاد نوشتکین غرچهرا در بساط زمین بگسترانید قوله تعالی تؤتی الملک من تشاء وتنزع الملک ممن تشاء وتعز من تشاء وتذل من تشاء بیدک الخیر انک علی کل شیء قدیر امرا واتابکان سلجوقیه که مخالفت ولی نعمت کردند هریک ببلا ومحنتی

---

[1]) P. om. مقدمهٔ [2]) B. نظم Metr. متقارب [3]) P. دراز [4]) B. بر عراق حکم [5]) Id. التجا

گرفتار شدند وهم ازانجا که وسیلهٔ حشمت جستند[1] نکبت دیدند واز عذری که با منعم کردند روزگار دمار از هریک بر آورد حق عز وعلا هیچ آفریده را بکفران نعمت گرفتار مکناد از اتابکان سلجوقی که حق نعمت ونمک نگاه نداشتند یکی نصرة الدین ابو بکر بن محمد بن ایلدگز بود بعد از فوت عمش قزل ارسلان مدت بیست سال بحکومت اران وآذربایجان قیام نموده در سنه سبع وستمایه در گذشت وچون او فوت شد اتابک مظفر الدین اوزبک برادرش قایم مقام شد ومدت پانزده سال سلطنت رانده در سنه اثنی وعشرین وستمایه چون سلطان جلال الدین خوارزمشاه بر مملکت آذربایجان استیلا یافت او از فرط اندوه در قلعهٔ النجق فرمان یافت ☼

فصل ۳۰

ذکر شعبهٔ دوم از سلاجقه که در کرمان حکومت کرده اند

اول این شعبه قاورد[2] بن چغربک بن میکائیل بن سلجوق است واو در سنه ثلاث وثلثین واربعمایه حاکم کرمان شد ودر سنه خمس وخمسین بر شیراز

[1]) B. add. نکبای [2]) Cf. p. ۸۴ not. 3.

استیلا یافته دست تصرف دیالمهرا از ولایت فارس کوتاه کردانید وبر عصیان برادر خود سلطان الپ ارسلان اقدام نموده باز بمطاوعت در آمد ودر جنگ سلطان ملکشاه اسیر شده بفرمان او مسموم گشت چنانچه سبق ذکر یافت زمان سلطنت او سی ودو سال امتداد یافت بعد از فوت قاورد سلطان معز الدین ملکشاه کرمانرا به پسرش سلطانشاه مفوض داشت واو دوازده سال بسلطنت قیام نموده در گذشت وپس ازوی تورانشاه بن قاورد فرمان فرمای کرمان گشت وچون سیزده سال وکسری سلطنت رانده وفات یافت پسرش ایرانشاه متصدی حکومت شد وبنابر آنکه خدمتش شیوهٔ الحاد می ورزید وبر کرمانیان بیداد میکرد بعد از پنج سال که حکومت کرد[1] بقتل رسید اعیان کرمان ارسلانشاه بن کرمانشاه بن قاوردرا که از بیم او[2] بزاویهٔ اختفا بسر می برد بیرون آورده پادشاه ساختند واو بساط عدل وداد گسترده مدت چهل ودو سال سلطنت کرد ودر سنه ست وثلاثین وخمسمایه در گذشت بعد ازو پسرش محمد چهارده سال[3] بامر ریاست مشغول گشته رحلت نمود وپس ازوی ولد وی طغرل شاه قایم

---

1) P. سال از حکومت 2) B. om. از بیم او 3) P. ساله

مستقام شد ودوازده سال حکومت کرده طبل ارتحال فرو کوفت[1]) وبعد ازو اولادش ارسلانشاه وبهرامشاه وتورانشاه بیست سال با یکدیگر منازعت نمودند ودر هر وقتی یکی ازین شاهزادگان حاکم گشتی وبسبب این انقلاب[2]) خرابی بسیار[3]) بمملکت کرمان راه یافته بعد از ایشان محمد شاه بن بهرامشاه متقلد قلادهٔ سلطنت گشت ودر ایام او ملکشاه سلجوقی باتفاق بعضی از خویشان بر وی خروج کرد واو التجا بملک ارسلان بن طغرل برد واو محمدشاهرا بلشکر مدد داد تا متوجه کرمان شد وملکشاه از معرکهٔ او بجانب غور گریخت ۞

فصل ۳۶

ذکر شعبهٔ سیوم از سلاجقه که در روم سلطنت کرده اند

چون قتلمش بن اسرائیل سلجوقی در جنگ الپ ارسلان کشته شد سلطان خواست که نسل اورا بر اندازد خواجه نظام الملک مانع آمده معروض داشت

---

[1]) Quam supra p. ۲۶۴ not. 1. reieci, lectionem فرو کوفتن sanam esse confirmat hoc loco et infra p. ۲۶۹ l. 18. uterque codex. [2]) B. انقلابات [3]) Id. تمام

که مصلحت چنان می نماید که نام شاهزادگی از
اولاد قتلمش افکنده ایشانرا باسم اسفهسالاری وقیادت
لشکر باطراف ممالک محروسه فرستاده آید سلطان
این امررا مستحسن داشته فرمان داد تا سلیمان بن
قتلمش عزم شام نموده بضبط آن ولایت قیام نماید
وسلیمان بموجب فرمان روی بدیار شام نهاده بدان
مملکت مستولی گشت وبران ولا صاحب انطاکیه
که خراج گزار سلجوقیان بود بسببی از اسباب بمکه
رفت وسلیمان فرصت غنیمت شمرده انطاکیهرا در
تحت ضبط وتسخیر آورد وچون شرف الدین علی که
از قبل سلطان ملکشاه والی حلب بود ومحصل خراج
انطاکیه رسولی پیش سلیمان فرستاده خراج انطاکیه
طلب داشت در جواب گفت که چون این ولایت در
حوزهٔ اسلام آمده خراج نباید خواست بنابرین شرف
الدین علی لشکری فراهم آورده عازم حرب سلیمان شد
وبا یکدیگر محاربه نموده حاکم حلب در معرکه
کشته گشت وسلیمان ایلچی بپایهٔ سریر سلطنت
مصیر سلطان ملکشاه فرستاد که صورت حال بعرض
رساند ودرین اثنا تاج الدین تتش بن الپ
ارسلان بعزیمت قتال سلیمان توجه نمود وامرای اورا
بفریفت تا سلیمانرا انتها گذاشته خدمتش از خوف

عذاب ونکال خودرا هلاك ساخت وچون رسول
سلیمان بخدمت سلطان ملکشاه رسید ملکشاهرا
استخلاص انطاکیه موافق مزاج افتاده فرمان فرمود
تا منشور ایالت آن ولایت بنام سلیمان نوشتند
ورسولرا مقضی المرام باز گردانید ورسول در اثنای
راه خبر واقعهٔ ولی نعمت خود شنیده مراجعت نمود
وکیفیهٔ حالرا بسمع ملکشاه رسانید وپادشاه از
حرکت برادر خود آزرده خاطر گشته حکومت [1]
شامرا بر داود بن سلیمان مقرر داشت واو متصدی
آن شغل گشته وچون قیصر قصد توقات واماسیه وسایر
بلاد دانشمندیه کرد دانشمند [2] از سلاطین اسلام که در
حوالی مملکت او بودند استمداد نمود [3] وداود وبعضی
ملوك دیگر بمدد رفته با قیصر جنگ کردند وقیصر
منهزم شده داود در قونیه بر تخت سلطنت بنشست
وبیست سال حکومت کرده در گذشت وبعد از وی
برادرش قلج ارسلان بن سلیمان قایم مقام شده مدت
چهل سال بتمهید بساط عدل وداد اشتغال نمود ودر
آخر دولت سلطان مسعود در عراق پادشاه شد وچون
خلیفهٔ بغداد از مسعود نقاری در خاطر داشت رسولان
بروم فرستاده قلج ارسلانرا نوید سلطنت عراق داد واو

---

[1] P. add. مملکت [2] B. ودانشمندیه [3] Id. نمودند

لشکر کشیده بکنار آب خابور رسید ودرین اثنا اتابک چاولی که راس ورئیس ارکان دولت مسعود [1] بود بحسن تدبیر امرای قلج ارسلانرا بفریفت تا اورا در آب غرق کردند و پسر قلج ارسلان مسعود نام که در روم قایم مقام پدر بود ازین واقعه آگاه گشت وبا دانشمندیان وصلت کرده مدت نوزده سال سلطنت راند وچون مسعود بدار بقا پیوست پسرش قلج ارسلان بجای پدر بنشست واو ده پسر داشت از همه غیاث الدین کیخسرو قوی‌تر بود وچون در زمان دولت قلج ارسلان دانشمندیان ضعیف شده بودند او طمع در مملکت ایشان کرده سیواس وقیصریه‌را از تصرف آنجماعت بیرون آورد وذو النون دانشمندی پناه باتابک نور [2] الدین محمود [3] حاکم شام برد واو فخر الدین عبد المسیح‌را با سپاهی بمدد فرستاد تا سیواس وقیصریه‌را باز ستد وچون اتابک وذو النون باندک فرصتی کوس رحلت کوفتند واسمعیل بن ذو النون قایم مقام پدر شد قلج ارسلان امرای دانشمندیه‌را فریب وعشوه داد تا اسمعیل بن ذو النونرا اهلاک ساختند وعرصهٔ ولایت او اتساع یافته ممالکرا به پسران خویش تقسیم نمود وچون قلج ارسلان وفات یافت پسر کهترش غیاث الدین کیخسرو که ولی عهد بود پادشاه شد اما

---

[1]) P. مسعودی [2]) Id. om. بنوم اتابک [3]) B. om. محمود

برادر بزرگتر او رکن الدین سلیمان در مقام منازعت آمده از برادران هرکه با او در از[1] موافقت زد ملکی که پدر بوی داده بود بر قرار گذاشت وهرکه مخالفت نمود بقلع وقمع او کمر بست وبا لشکری گران آهنگ کیخسرو کرده اورا در قونیه محصور گردانید چون اهالی شهر هواخواه غیاث الدین کیخسرو بودند مدت محاصره امتداد یافت آخر دران صلح کردند که شهر بسپارند مشروط بآنکه غیاث الدین کیخسرو با اتباع خویش در ضمان امان بوده در ولایتی از ولایات روم ساکن گردد ومدتی احوال برادران برین[2] ونیره گذران بود تا غیاث الدین کیخسرو از رکن الدین سلیمان متوهم شده به استنبول گریخت وکار سلیمان در روم قوی شده از دار الخلافه به سلطان القاهر ملقب گشت واو ارزن الرومرا[3] گرفته حکومت آن دیاررا به برادر زادهٔ خویش مسلم داشت وازانجا متوجه ابخاز وگرجستان گشت وچون دران یورش شرایط حزم مهمل گذاشت منهزم بروم باز گشت وخواست که بار دیگر متوجه شود اما فرصت نیافت ودر سنه اثنتین وستمایه طبل ارتحال فرو کوفت واعیان مملکت پسرش قلج ارسلانرا که در مرتبهٔ طفولیت بود بر تخت نشاندند وبواسطهٔ صغر سن پادشاه میان امرا

1) P. om. از 2) Id. بدین 3) B. ارزروم

اختلاف روی نموده بطلب غیاث الدین کیخسرو فرستادند واو از دیار فرنک آمده چون عز الدین قلج ارسلانرا طاقت مقاومت وی نبود مملکت بدرود کرده بکوشهٔ بیرون رفت وغیاث الدین کیخسرو بر مسند حکومت متمکن کشت وقلج ارسلانرا بدست آورده در قلعهٔ از قلاع روم محبوس کردانید تا فرمان یافت وکیخسرو در زمان دولت خویش محاربات نموده فتح قلاع نمود[1]) بعد از شش سال در معرکهٔ مخالفان دین مبین بعز شهادت فایز کشت و پسرش عز الدین کیکاوس قایم مقام شده یکسال پادشاهی کرد وبرنج سل در کذشت آنکاه برادرش علاء الدین کیقباد بسلطنت رسیده مدت بیست وشش سال بامر حکومت قیام نمود نامدارترین[2]) سلاطین دودمان[3]) خود بود میان او وسلطان جلال الدین خوارزمشاه محاربات دست داده او بر خوارزمشاه غالب آمد وعاقبت پسرش غیاث الدین کیخسرو آن عدالت شعاررا از روی جهل ونادانی زهر داد تا مسند جهانبانیرا وداع فرمود وبعد ازو سلطنت بر کیخسرو قرار کرفت وچون هشت سال از زمان حکومت وی منقضی کشت لشکر کران از سپاه مغول در ملازمت امیر باچو بجنک او نامزد شد[4]) ومیان فریقین محاربات واقع شده غیاث الدین

---

[1]) P. om فتح قلاع نمود [2]) B. نامبردار [3]) Id. زمان [4]) P.

کیخسرو منهزم گشت واو در سنه اربع واربعین وستمایه براه عدم رفته پسرش رکن الدین سلیمانشاه سلطنت یافت ومعین الدین پروانهٔ کاشی مدبر امور مملکت شده سلطان رکن الدین برادر خود علاء الدین کیقباد را بخدمت قاآن فرستاد واو مهمات بر حسب دلخواه ساخته مراجعت نمود وچون بحدود روم رسید رکن الدین سلیمان از بیم آنکه برادر بر وی تفوق خواهد جست اورا بزهر هلاک ساخت وبرادر دیگرش کیکاوس ازوی متوهم شده بقرم [1] گریخت ولشکر برکاخان اورا بخدمت آنحضرت بردند وبرکاخان که پادشاهی بود مسلمان [2] اورا مدد داده بروم فرستاد وبعد از هژده سال غربت چون خواست که با عروس ملک اعتناق کند هادم اللذات بر سرش تاختن آورد وسلطان رکن الدین سلیمان در زمان اباقاخان بنابر فرمان او بیاساق رسید وبعد ازو پسرش کیخسرو را سلطنت روم دادند چون او در حد طفولیت بود فرمودند که متولی امور او معین الدین پروانه باشد واو مادر کیخسرو را در حبالهٔ نکاح آورده مدت هژده سال اسم سلطانی بر کیخسرو اطلاق می یافت تا در سنه اثنین وثمانین وستمایه در ولایت آذربایجان بفرمان احمد خان مقتول گشت وچون ارغون خان بر سریر خانی

---

1) B. بغرا قرم 2) P. موحد مسلمانان شدند

نشست روم را بغیاث الدین مسعود بن کیکاوس که دران حین از قرم آمده بود داد ودر سنه سبع وتسعین وستمایه غیاث الدین فوت شده برادر زاده‌اش کیقباد بن فرامرز بحکم یرلیغ غازان خان نامزد سلطنت روم شد واو بعد از مدتی باعلان کلمهٔ عصیان مبادرت نموده غازان خان لشکری بآنجانب فرستاد تا اورا بگرفتند ودولت سلجوقیان دران بلاد بنهایت انجامید مسود اوراق گوید که در تاریخ کرمان احوال اولاد قاورد بن الپ ارسلان که دران ولایت سلطنت کرده اند بتفصیل مسطورست ودر تاریخ روم قضایای داود بن سلیمان سلجوقی واحفاد او که دران مرزوبوم ببهم سلطنت قیام نموده اند بشرح مزبور وچون آن دو نسخه هنگام تحریر در نظر نبود بمجملی از حالات آن دو فرقه اکتفا رفت وچون خوارزمشاهیه از جملهٔ ممالک سلجوقیه بوده اند ونیز دولت ازان طبقه به این طایفه انتقال کرده واجب چنان نمود که احوال خوارزم شاهیان در ذیل واقعات سلجوقیان مثبت گردد ۞

تم الکتاب بعون
الملک الوهاب

ANNOTATIONES.

Pag. 24. l. 1. Quid significet in dictione زنجبیر فیل vocabulum زنجبیر bene exposuit lexici Borhâni qât. auctor, quum dicat: „وفیل را نیز باعتبار زنجبیر نویسند چنانکه شتررا لغر واسبرا سر." Significat igitur *speciem totius alicuius* et respondet nostro *Stück* et latino *caput*. Quae quidem significatio desideratur in Castelli et Meninskii lexicis persicis. Cf. Wilken *Hist. Gasnev.* p. 147. n. 6.

Pag. 37. l. 6. Verba کان بسیار وبحر استظهار infra quoque p. 97. l. 6. leguntur, in quo tamen loco codices variantem offerunt lectionem یسار *bonorum copia, opulentia,* priori facile meliorem, quum simpliciter *multitudinem, copiam* significet. Ceterum verba کان یسار et بحر استظهار ad adjectivorum compositorum genus pertinent, quod ab Indorum grammaticis Bahuwrîhi vocatur, et significant *fodinae divitiarum* et *maris copiarum possessor*.

Pag. 48. l. ult. Pro. سور et legi posset سون, quia sunt synonyma et significant *festum, laetitia, convivium.* Bene Borh. qât. auctor: „سون بمعنی سور هم آمده است که جشن وشادمانی ومیزبانی باشد."

Pag. 90. l. 1. Tria ab Herbelotio et Meninskio recensentur urbis Schadbach nomina شادخ, شادباخ et شادیاخ, quorum tamen unum شادباخ non admittit Borh. qât. auctor. Sed legitur etiam in vita Ferid-eddini Attar a Dauletschaho conscripta eamque ob causam minime repudiandum. Schadach, vel Schadbach, vel Schadjach antiquum esse urbis Nischabur nomen dicit lexici Ferheng. scheâri auctor a Meninskio laudatus, teste autem

Borh. qât. *auctore Schadach vel Schadjach alia est eiusdem urbis appellatio. Equidem credam Nischabur et Schadbach diversas esse urbes, sibi invicem proximas, quum Abulfeda dicat, Abdallahum ben Taher, quem anno CCXIV Hedsch. (inc. 10. Mart. 829) Chorasanae praefecerat Chalifa Mamun, urbem Schadbach, florente tunc Nischabur, condidisse et eum praesidiis suis incoluisse. Quae deinceps in ruinas prolapsa et a Sultano Alp Arslan, Seldschukida, instaurata, quum post aliquod tempus incendio deleta esset, tandem anno DLVI Hedsch. (inc. 31. Dec. 1160) post destructam Nischabur tertium est exstructa. Aliud urbis Schadbach excidium commemorat Dauletschah, quod tribus annis post Ferid-eddinum Attar occisum evenit. Vid. Abulfedae *Annales Musl.* t. III. p. 579. Herbelot. *Bibl. Or.* s. v. *Pend-Namèh* ,ed. Silv. de Sacy p. 15. 16. von Hammer in *Wiener Jahrb. der Literatur* t. VII. p. 296. 297.

Pag. 108. l. 10. Vocabulum تنسوقات saepius reperitur in Mirchondi libris, ut infra p. 207. 221. *Hist. Saman.* p. 174. 184. al., sed in lexicis desideratur. Est numerus plur. fem. vocis تنسوقة a verbo arabico نسق ordine disposuit (sermonem), *ordine iunxit* (margaritas) derivatae et ad rationem formae تفعول factae, quam tamen Arabica grammatica prorsus ignorat. Sed referri potest ad formam participii passivi مفعول, a qua tantum litera radici praeposita differt, ut synonymum sit participii منسوق *ordine iunctus.* Significare igitur videtur vox تنسوقات *totum aliquod e rebus ordine bene dispositis compositum,* quod dono offertur. Quae quidem significatio etiam in contextum orationis semper optime quadrat.

Pag. 131. l. 3 et 142. l. 1. De vera significatione

et usu vocabuli طراز pluribus disseruit Silv. de Sacy in *Chrest. Arab.* t. II. p. 268. 269. 287. ed. alt.

Pag. 142. l. 14. Vocabulum شهائی est lectionis dubiae, quum ob literarum in libris manuscriptis similitudinem etiam ثهائی legi possit. In Castelli lexico persico voci شها significatio *ineptus, non conveniens, irritus* tribuitur, quam Meninski quoque eadem auctoritate affert. Alterum ثهائی ab arabico ثها *fatuus fuit* derivandum esset. Verti *Täuschung*, quod sensus postulare videtur.

Pag. 149. l. 11. Locutionem چپ دادن optime explicat Borh. qât. auctor, quum dicat: کنایه از فریب وبغا دادن باشد وترك نمودن وواگذاشتن وطرح دادن را نیز گفته اند i. e. „چپ دادن *sinistram* (manum) *dare* figurate significat *fallere, relinquere, omittere, reiicere.*" Quod autem e Ferh. schoûri affert Meninski: „چپ داد sinistram dedit i. e. metacarpium percussit, et effugit," et „چپ دادن rei imponere partem quampiam, uti *assumentum vesti,*" et ex Castelli lexico: "جب دادن *instigare, incitare,*" huc minime quadrat.

Pag. 166. l. 5 6. In interpretatione germanica omisi verba: „وبر دیوارها چهار میخ کرده فریاد از نهاد خلق بر آمد" quum obscura sint et difficillime intellectu. Dubius enim haereo, quid hoc loco significet چهار میخ کردن. Propria voc. میخ notio est *clavus, harpago, uncus, palus*, ut diserte dicit Meninski, sed cum چهار quatuor coniunctum figurate significat *quatuor elementa* et *sodomiam*, et چهار میخ کردن *sodomiam exercere.* Ita Borh. qât. auctor: "چهار میخ کنایه از چهار عنصر وعمل لواط است," et Meninski: „چهار میخ کند" i. e. لواطه کند *sodo-*

miam exercet; praepostere veneri indulget." Ad verbum igitur transferrem: „*et ad muros sodomia exercita, lamentatio ob naturam* (istorum) *hominum,*" aut alia lectione وخلق recepta, „*ob naturam et indolem* (illorum) *exorta est.*"

Pag. 185. l. ult. نمك بحرام vel نمك حرام i. e. *sal interdictum* oppositum est نمك حلال et significat *illum qui beneficia non agnoscit*, aut *maleficia benefactis pensat.* Ita bene Borh. qât. auctor: „نمك حرام ونمك بحرام مقابل نمك حلال يعنى حق ناشناس وكسى كه سر عوض نيكى بدى كند." Est nomen compositum, quod Indorum grammatici Tatpuruscha vocant.

Pag. 216. l. 7. Codices hoc loco mendosam offerre lectionem واروق aut واروقرا apertum est, sed dubito, an coniectura verum sim assecutus. Quod turcicum est vocabulum اورتاق receptum neminem offendat, amat enim Mirchondus noster peregrina verba suis immiscere. Ceterum اورتاق de Chassbeg, Sultani socio, intelligendum, qui Sultano Rajam ad Sandscharum properante, Asdabadi remansit, donec a Sultano advocatus propere illum est insecutus.

Pag. 236. l. 9. ارسلان كشاى vocatur arx duas parasangas a Kazwin distans et in cacumine montis sita. Ita Zacarya ben Mohammed Kazwinensis in libro „monumenta regionum et historiae hominum" inscripto, qui tamen ارسلان كشان illam vocat, rectius, ut videtur, quum sit nomen compositum significans *ab Arslano occupata* arx, alterum autem ارسلان كشاى arx *Arslani expugnatoris.* Sed nihil mutare ausus sum, quum ea quoque lectio ferri possit et Herbelotius (*Bibl. Or.* t. III. p. 369. fin.) re vera ita legerit. Vid. Uylenbroek *Irac. Pers. descr.* p. 21.

INDEX

verborum difficiliorum, quae in annotationibus illustrantur.

EMENDANDA ET CORRIGENDA.

P. 1. l. 7. pro بالغ ex coniectura recepto, fortasse, cum codd. rectius legend. باليغ quum non sit arabica sed vox peregrina.

— 5. l. 12. pro استنكشاف leg. استنكشاف

— 9. — 6. — اختصاص — احتصاص

— 10. — 9. — ومحبوس — ومحبوص

— 14. — 17. — جرب l. چرب idem error infra p. 22. l. 12.

— 16. — 3. — وعروص leg. وعروس.

— 17. — 14. — ال — آل

— 22. — 6. — حانب — حاىب

— 22. — 9. — جيجون — جيحون

— 23. — 15. — مردارى — سردارى

— 26. — 3. — دلبذير — دلپذير idem mendum infra p. 38. l. 18.

— 31. — 19. — رجز leg. هزج

— 48. — 5. — بيش — پيش

— 53. — 12. — وبلنك — وپلنك

— 57. — 16. — همعنان — هم عنان

— 59. — 13. adde وحلوان post بدينور

— 65. — 1. pro طغرليك leg. طغرلبك

— 72. — 11. — كوش — كوش

— 75. — 14. — بحانب — بجانب

— 84. — antepenult. pro Desguignes leg. Deguignes.

— 90. — 9. pro زسبيد leg. رسبيد

— 98. — 3. — تواريج — تواريخ

— 119. — 1. — باك — پاك

— 119. — 5. — اين — ابن

— 124. — 1. — نيكر — نيكز

P. 129. l. 17. pro وبرهنی leg. وبرهنیِ
— 144. — 2. — مدت — مدة
— 173. — 16. — هفتدهم — هفتده هم
— 183. — 1. — وانکه — وانگه
— 198. — 16. — وپسرش مکحون leg. وپسر مکحون 4)
— 198. — ult. adde 4) B. وپسرش
— 199. — 5. pro پسرش 2) مکحون leg. پسر مکحون 2)
— 199. — 20. — 2) P. پسر leg. 2) B. پسرش
— 200. — 7. — المتقی — المنتقی
— 217. — 15. — خربر — خرد بر
— 231. — 1. — وکردانی — وکاردانی
— 236. — 2. — خواستند — خاستند
— 237. — 17. — خواسته — خاسته
— 242. — 16. — پیش — بیش
— 244. — 14. — رسوم — رسوم
— 252. — 15. — سوء leg. سوءا
— 260. — 15. — بر وی آمد leg. بروی در آمد
— 269. — 10. — برین — بدین
— 269. — ult. — Id. بدین — B. برین
— 271. — 20. — مقتوا — مقتول

His adde هرگز et الهی pro الاهی, quae errore quodam saepius هرکز et آلهی scripta reperiantur vid. p. 16. 32. 34. 66. 86. 111. 112. 121. 128. al.; porro دار السلم, quod rectius دار السلام pro دار السلم scribendum; denique typos sub prelo typographico confractos, ut lit. گ p. 107. l. 8. p. 108. l. 11. p. 147. l. 13. p. 223. l. 16. p. 230. l. 2. p. 260. l. 6. p. 261. l. 1., et litt. م ز et و ex gr. p. 225. l. ultima. Alia leviora menda benevolus lector ipse corrigat.